和谐共存之道

儒家文化大众读本

儒家礼乐文化

梁国典 主编 丁鼎 郭善兵 薛立芳 著

山东教育出版社

总序

改革开放以来，孔子、儒学、传统文化的研究经历了一个从拨乱反正到恢复正常再到日渐升温直至热潮的过程，中国孔子基金会应运而生，起到了组织、引导和推动的作用。最近几年，似乎出现了一热一冷的局面：关于孔子、儒学、传统文化的学术研究日趋繁荣，硕果累累，而大众化的普及工作却没有跟上，不少人对孔子、儒学有隔膜，对儒家文化说不出个子丑寅卯来。有鉴于此，中国孔子基金会在坚持继续推动学术研究的同时，下决心抓一抓普及工作，除了借助电视、动漫、网络、讲座、《论语》普及工程、经典诵读工程等多种形式宣传孔子、普及儒学以外，还专门组织编写了这套"儒家文化大众读本"丛书，目的在于向国内外读者介绍儒家文化的基本知识，加深读者对儒家文化的理解，弘扬儒家文化的优秀传统，建设当代中国人的精神家园。

儒家文化是以儒学为基础发展起来的文化，是中国传统社会的主流文化。儒学与儒家文化既有联系，又有区别。儒学主要是指儒家的思想、理论、学说，儒家文化则是儒学走向社会、化成天下、移风易俗而形成的包括制度、礼俗、观念等在内的社会文化。儒学是儒家文化的源头活水，儒家文化是儒学的浩瀚长流。儒学通常为知识分子所掌握，儒家文化则为全体社会成员所接受。儒家文化比儒学拥有更丰富的内涵、更广阔的覆盖面和更广大的人群。儒家文化在汉代逐步形成，两千多年来，一方面，儒家文化昂扬直上，远播海外，形成了包括中国、朝鲜半岛、日本列岛和中南半岛在内的巨大的儒家文化圈；另一方面，儒家文化又以其居于轴心的地位，宽容、平和、理性地对待其他形态的文化和外来文化，博采众长，融会创新，不但引领着中国文化的发展方向，而且造就了中国文化的博大气象，塑造了中国人民勤劳勇敢、崇教重文、守礼义、知廉耻的国民性格，培育了自强不息、厚德载物的民族精神。不了解儒家文化及其价值，就谈不上了解中国本土文化及其价值。因不了解而不珍惜，"抛却自家无尽藏，沿门托钵效贫儿"，是近百年来一再发生的文化虚无主义偏向。今天，我们要做的，是尽力摸清我们的文化"家底"，认识"自家无尽藏"的价值，充分利用本土文化资源，广泛吸收人类文化的优秀成果，综合创新，建设社会主义先进文化。

编撰"儒家文化大众读本"丛书，主要目的是向读者传播有关儒家文化的知识，让读者对儒家文化有一个基本的认知，了解儒家文化的优点和特点以及儒家文化在当代社会的价值。为此，我们着眼于儒家文化 9 个大的方面拟出选题。"儒家文化大众读本"丛书是关于儒家文化的普及性系列作品，要求作者是专家、大家；专家搞普及，大家写小书。我们通过向社会招标、专家推荐等形式在全国选出了 13 位作者，完成了 9 个选题：儒家文化与中国古代教育（郭齐家著）、儒家法文化（俞荣根著）、儒家生态文化（乔清举著）、儒家伦理文化（唐凯麟、陈仁仁著）、儒家孝悌文化（舒大刚著）、儒家政治文化（林存光、侯长安著）、儒家礼乐文化（丁鼎、郭善兵、薛立芳著）、儒商文化（戢斗勇著）、儒家文化与世界（施忠连著）。这些著作都凝聚着作者在探索普及儒家文化方面花费的心思和工夫。

编委会明确要求，"儒家文化大众读本"丛书是在学术研究基础上的通俗性、普及性的介绍之作，富有经典性、文学性、教育性。首先，作者对儒家文化有精深的研究，能够深入浅出地予以表达，对某一专业做全面系统、客观忠实的说明和介绍，重点写那些仍有现代价值的、有助于人们认识儒家文化的内容。其次，在素材选择、主题提炼、行文风格上，都要融入现代意识，力求与时代精神相契合。再次，要充分吸收已有的研究成果，化用自己的文字予以表述，使用大众语言，舍去一些艰深聱牙的言辞，不使用学术语言，多使用叙述性、描述性的语言，要通俗易懂、活泼流畅、图文并茂、雅俗共赏。

其实，要写好一本大众普及读物是很不容易的。因为普及读物不仅要求文字浅显、可读性强，而且要求有学术含量，要体现学科前沿的研究成果；同时也彰显了作者的一种责任感和使命感。当年朱光潜先生以"给青年的第十三封信"为副标题，出版了美学佳作《谈美》。朱先生用通俗易懂的方式和明白晓畅的语言，顺着美从哪里来、美是什么及美的特点这一脉络层层展开，以一种对老朋友的语气娓娓道来，平易亲切，引人入胜，从而净化了读者的心灵，"引读者由艺术走入人生，又将人生纳入艺术之中"（朱自清语）。该书先后重印三十多次，成为具有科学性、普及性的经典之作。大家学者的风范告诉我们，一方面，大众读本不能写成艰深的学术著作，因为曲高和寡自然应者寥寥，普及变成空谈；另一方面，大众读本又不能没有学术含量，因为没有学术含量就失去了普及的意义。我们希望，这套丛书不仅能为国内外热爱孔子、儒学和中国传统文化的读者提供一种对儒家文化的生动的、通俗的介绍，而且能为国内外读者提供一种对儒家文化的有深度的认识，使读者在获得儒家文化的具体知识的同时，可以感受到儒家文化的内在精神，感受到中华民族的伟大生命力、创造力和凝聚力。

在"儒家文化大众读本"丛书中，儒家的教育文化、法文化、生态文化、伦理文化、孝悌文化、政治文化、礼乐文化、商文化，都在作者的如椽大笔下娓娓道来。我们力求把对孔子及儒家的研究转向当下日常生活，从生活中体认儒家之道，使孔子思想飞入寻常百姓家，把儒家文化中有价值的东西发掘出来，提炼出来，把它讲清楚，注意发掘中国文化中具有价值的理念，将它变成每个中国人的自觉，还要把它变成世界性的东西。一本好的文化普及读物，应该在完成这个使命中发挥自己的作用。

《儒家文化大众读本》编委会

目

录

导言

　　"礼"与"乐"是我国古代伟大的教育家、思想家孔子所创立的儒家体系中的核心价值观念。在儒家思想体系中，"礼"是指规范社会和人生的典章制度和行为准则以及与之相适应的思想观念或道德理性。"乐"这一与"礼"相提并论的范畴，则不仅是用以娱人娱神的音乐和舞蹈，而且是配合"礼"对社会成员进行教化的重要手段和方法。故《礼记·乐记》说："礼以道其志，乐以和其声，政以一其行，刑以防其奸。""礼、乐、政、刑，其极一也，所以同民心而出治道也。""礼"与"乐"二者相辅相成，相互为用，共同奠定了儒家"礼乐文化"的理论基础。礼乐文化是中国传统文化的主体内容。在一定程度上也可以说礼乐文化是我国古代社会和传统文化的基本范式，也是中国传统文化有别于西方文化的特质。

　　孔子通过总结、清理和反思夏、商、周三代的文化遗产，在周代伟大的政治家周公"制礼作乐"（《礼记·明堂位》）的基础上，创造性地以"礼"与"乐"为核心建立起儒家思想体系。孔子从哲学本体论和社会历史观的角度，对"礼"与"乐"进行了全方位和多层次的阐释和论证，奠定了中国传统文化关于生命本质与意义目标的基本观念，创拟了旨在让社会各阶级（阶层）在"礼"与"乐"的约束下和谐共处的社会理想，并使古老的"礼乐"观念逐步升华为全社会普遍接受和认可的社会意识形态，使"礼乐"文化成为中国传统文化的主体内容。在孔子的思想体系中，"礼乐"是其政治思想和社会伦理思想的出发点和归宿。此后，经过孟子、荀子等儒学大师的进一步发扬光大，以"礼乐文化"为核心的儒家学说日益兴盛。至汉武帝"罢黜百家，独尊儒术"之后，儒家学说更上升到国家法典的高度，不仅受到历代统治者的提倡和尊崇，而且几乎得到社会各阶层的普遍认可和信奉，使得孔子所开创的儒学成为中国最古老、最博大、最富影响力的学派。

儒家"礼乐文化"的基本精神就是《论语·学而》提出的"礼之用，和为贵"与《礼记·儒行》提出的"礼之以和为贵"。"和为贵"就是儒家"礼乐文化"的普适价值所在。众所周知，儒学是一种关于社会伦理的学说，它是探讨宗法等级社会中人际关系的学问。"礼乐"是儒家传统伦理思想道德规范体系的逻辑起点与核心观念。儒家所倡导的"礼乐文化"既是一种社会政治理想，也是一种伦理道德原则与规范。"礼乐"是用来调整和制约人的行为的。它调节着人的主观欲求和客观现实之间的矛盾，使二者之间达到一种能够维持人类社会和谐共处的平衡状态。这就是说，"礼乐"是为了应对社会稳态结构的需求而产生的。"礼之用，和为贵"高度概括了"礼乐文化"的根本精神，就是要求并倡导社会各个阶层的人们都应按照"礼"的规范和谐相处。根据这一"贵和"的道德价值取向，儒家主张当个人与他人、个人与社会之间发生矛盾与冲突时，应采取宽容、谦让的态度，这样不但有利于建立和谐的人际关系和良好的社会秩序，也有助于使整个社会形成强大的凝聚力。当然，儒家所主张的"和"并不是无原则的同一、调和，而是在一定条件和原则下的谐和、融合。中华民族数千年来形成的宽容礼让、谦恭善良、求大同存小异的道德传统，正是这种"贵和"（即崇尚"和谐"）的价值取向长期影响和积淀的结果。

儒家礼乐文化的内涵就是为了实现"天下为公"的和谐社会而在制度层面、伦理层面和仪节层面所制定的一些规范和原则。儒家"礼乐文化"的终极目标就是为了通过引导社会各个阶层按照"礼乐"的规范和原则来处理人与社会、人与自然的关系，从而在社会公共生活中形成一种良好的稳定的社会秩序，达到建立和谐融洽的社会人际关系的目的。

当然，我们说儒家礼乐文化是我国古代社会和传统文化的基本范式，并不是说我国古代社会的政治文化、伦理规范与社会秩序都完全是按照儒家礼乐文化的理想来演进和发展的。实际上，从总体上可以说我国古代社会的政治文化、伦理规范与社会秩序是不同历史时期各个阶级、各个阶层为了维护各自的政治权益而在儒家礼乐文化的思想框架之下通过不断的碰撞、博弈、冲突、磨合而达成的妥协、调和的结果。一方面，统治者总是依照其权力意志试图最大程度地扩张和加强其专制王权。另一方面，他们又借助儒家礼乐文化为其专制统治披上温情脉脉的面纱，从而让其他阶级、其他阶层易于接受和认可其专制统治。而在这一长期的历史过程中，作为礼乐文化倡导者的儒家学者一方面不得不依附于专制王权，以便在维护专制王权的前提下来发挥其政治功用，实现其政治价值；另一方面他们又并非完全屈服于专制王权，并未完全丧失人文道义和仁政理想，而是在力所能及的范围内按照礼乐文化范式对专制王权加以限制和约束，从而使社会各阶级、各阶层能够相对安定地共处于一个社会统一体中。比如传统的祭天礼以及汉儒董仲舒、何休等人倡导的灾异谴告说，固然都有宣扬君权天授的目的，但同时也在一定程度上蕴含着以天的权威限制约束王权的意味。从这个角度来看，儒家礼乐文化在缓和阶级矛盾、维系社会安定方面确实有着一定的功能。这也是我国秦汉以降的古代社会能够在儒家礼乐文化范式之下一直维系着一个以中央集权为特征的君主专制的超稳定政治结构的重要原因。

当今，已进入 21 世纪，我们国家也进入社会主义建设的新时期。2004 年，中国共产党第十六届中央委员会第四次全体会议通过的《中共中央关于加强党的执政能力建设的决定》正式把"构建社会主义和谐社会"作为全党全国的历史任务。这一重要历史任务的提出，是中国共产党对马克思主义理论的重要丰富和发展，是中国共产党对社会主义建设理论的又一次理论升华。

构建社会主义和谐社会是中国共产党顺应历史发展变化，为推进中国特色社会主义伟大事业做出的重大战略举措，是我国处于体制转轨、社会转型这一特殊历史时期社会健康发展的必然要求，是满足人民群众日益增长的美好生活需要的必然要求，是全面落实科学发展观、实现全面建成社会主义小康社会奋斗目标的必然要求。

党的十九大以来，中国特色社会主义建设进入了新时期。中国共产党把"实现中华民族伟大复兴"作为全党全国的伟大目标。要实现这一伟大目标，必须以马克思主义为指导，坚守中华文化立场，坚定道路自信、理论自信、制度自信、文化自信，立足于我国文化传统，结合当今的时代条件，对儒家倡导的礼乐文化加以创新性发展和创造性转化，构建和发展面向世界、面向未来、民族的、科学的、大众的社会主义新文化，推动社会主义精神文明协调发展，满足人民群众日益增长的美好生活需要。

我国古代儒家学派所倡导的礼乐文化，在中华民族精神的塑造、完善过程中，发挥了关键性作用。崇尚仁义道德与"贵和"的价值取向既是儒家礼乐文化最有代表性的基因，也是中华民族精神最重要的核心价值观念。这与党的十八大所提出的二十四字社会主义核心价值观也是一脉相通的。因此，我们在当代社会主义和谐社会的建设事业中有必要以开放的胸怀，以批判继承的态度从我国古代传统的礼乐文化中发掘可资借鉴的内容，从而推动社会主义精神文明和物质文明协调发展，让中华文明展现出时代风采和永久魅力。

儒家礼乐文化与中国传统文化范式

一、礼乐文化是中国传统文化的特质与表征

中国传统文化是中华民族几千年文明演化而汇集成的一种反映中华民族特质和风貌的民族文化，是中华民族历史上各种思想文化、观念形态的总汇。从外延上说，中国传统文化包含了历史上形成的对中国历史和文化的走向有着重大影响的许多文化形态，如儒家文化、道家文化、佛教文化等。从内涵上说，中国传统文化的核心内容就是以儒家思想学说为主要代表的、广泛影响人们思想和行为的主流观念和价值取向。

中国古代伟大的教育家、思想家孔子所创立的儒家思想体系的核心价值观念就是"礼"。"礼"是指社会各方面的典章制度和行为规范以及与之相适应的思想观念。在儒家思想体系中，另一个经常与"礼"相提并论的范畴是"乐"。二者相辅相成，形成了"礼乐文化"。儒家所倡导的礼乐文化是中国传统文化有别于西方文化的特质。

所谓"礼""乐"，本来源自于上古初民尊祖、祭祖与祭祀天神地祇（qí）的活动。"礼"本是指尊祖、祭祖与祭祀天神地祇活动中的一些仪式规范，而"乐"则是与这些礼仪活动相配合的乐舞。后来"礼""乐"的所指逐步扩大化、系统

化，社会生活各方面的礼仪活动以及与其相配合的乐舞都被泛称为"礼""乐"。经过夏、商、周三代的演化，就有了所谓的"夏礼""殷礼"和"周礼"，它们汇集成一整套的典章、制度、规矩、仪式，乃至包括关于礼治的政治思想、伦理思想。西周初年，伟大的政治家周公依据前世流传下来的礼俗并根据时代需要"制礼作乐"，建立了一整套与当时的宗法社会相适应的礼乐制度，通过礼乐的形式把阶级社会中各等级的权利和义务制度化、固定化，使社会秩序处于相对稳定和谐的状态，从而形成孔子所景仰的"郁郁乎文哉"的礼乐文明极盛期。

至春秋时代，随着社会形态的演变和政治格局的变迁，原有社会秩序分崩离析，出现了"礼坏乐崩"的局面。鉴于此，伟大的思想家孔子通过总结、清理和反思夏、商、周三代的文化遗产，创造性地建立起以礼乐为核心的儒

先师孔子行教像

家思想体系，使礼乐成为儒家思想体系中的核心价值观念。

孔子的礼乐观是建立在肯定西周礼乐制度，力主恢复"先王之制"这个政治立场基础之上的。所谓"天下有道，则礼乐征伐自天子出；天下无道，则礼乐征伐自诸侯出"（《论语·季氏》）道出了他不满当时诸侯争霸、僭礼越乐现象的愤懑之情。但孔子不是用简单的说教来粉饰礼乐制度，而是用理性的思辨注入传统礼乐以新的思想内容。如果说原始礼乐是服务于鬼神，西周礼乐是服务于政治，那么，孔子则要礼乐服务于社会，要使礼乐深入人心，起到促进伦理道德的作用。他不仅要使礼乐成为维护宗法制度、维持等级秩序的一种政治工具，而且也希望礼乐成为建立崇高人格、促进社会和谐的一种教化手段。他所说的"移风易俗，莫善于乐。安上治民，莫善于礼"（《孝经·广要道》）集中反映了孔子对礼乐的社会功能的认识和重视。

孔子从哲学本体论和社会历史观的角度，对礼乐进行了全方位和多层次的阐释和论证，奠定了中国传统文化关于生命的本质意义与目标的基本观念，创拟了旨在让社会各阶级（阶层）在礼乐的约束下和谐共处的社会理想，并使古老的礼乐观念逐步升华为全社会各阶层普遍接受和认可的社会意识形态，使礼乐文化成为中国传统文化的主体内容。

此后，经过孟子、荀子等儒学大师的进一步发扬光大，以礼乐文化为核心的儒家学说日益兴盛。至汉武帝"罢黜百家，独尊儒术"之后，儒家学说更上升到国家法典的高度，不仅受到历代统治者的提倡和尊崇，而且几乎得到社会各阶层的认可和信奉，致使孔子所开创的儒学成为中国最古老、最博大、最有影响力的学说。

在孔子的思想体系中，"礼"是孔子政治思想和社会伦理思想的出发点和归宿，其目的和功用是从外部对社会各阶层的人们在行为和思想方面进行教化、约束和规范；而"乐"则与"礼"相辅相成，从内心感化、诱导人们对"礼"（亦即各种社会规范和约束）的衷心认同。礼乐配合，以礼修身，规范人们的思想行为；以乐治心，感化人们自觉地按照"礼"的规范来行事，保持人们内心的平衡，从而达到"治国""平天下"的目的，保持整个社会秩序的稳定。儒家礼乐文化的精髓就是《论语·学而》所提出的"礼之用，和为贵"的社会和谐思想，这也是儒家礼乐文化超越时空的普适价值所在。

儒家礼乐文化的本质特点，是把"亲亲"的血缘关系与"尊尊"的社会政治关系结合在一起，在"礼"的框架下形成一整套相应的规范和制度，把自然人置于人为的社会政治关系之中，使之成为社会政治等级中的人；同时又把理想的政治社会建立在人的自然血缘基础之上，形成以礼乐文化为表征的宗法等级社会。与此同时，儒家礼乐文化精神的宗旨就是要利用礼乐的制度规范性与艺术熏陶性的特点，对自然人进行教育，把自然人纳入政治性、伦理性轨道上来，使社会成员都成为"克己复礼"的"文质彬彬"的君子，自觉遵守社会伦理规范，从而达到维持社会秩序和谐的目的。儒家礼乐文化的内涵就是为了社会各阶层的和谐共处而在制度层面、伦理层面和仪节层面所制定的一些规范和原则。不言而喻，没有一定的人性化的、有益于社会道德建设的规范和原则，就不可能实现"和谐"的"大同"社会。儒家礼乐文化的特征就是用礼乐展现和处理人际关系，进行社会调节和管理。其终极目标就是为了通过引导社会各个阶层按照礼乐的规范和原则来处理人与社会、人与自然的关系，从而在社会公共生活中形成一种良好的稳定的社会秩序，达到建立和谐融洽的社会人际关系的目的。

儒家所倡导的礼乐文化精神，对周秦以降的中国古代社会产生了重大而深远的影响，广泛而深刻地渗透于古代社会的政治、法律、军事、教育、宗教、伦理和文化艺术之中，成为人们思想情感的一部分，成为社会习俗风尚的底蕴，形成周秦以来数千年中国古代文化的基本范式。

我们说儒家所倡导的礼乐文化对我国数千年的古代社会产生了重大而深远的积极影响，并不是说儒家礼乐文化尽善尽美，也不是说我国古代社会在制度层面和思想层面中存在的一些消极、落后的因素都应归咎于儒家礼乐文化。我们应该充分认识到孔子所倡导的礼乐文化中蕴含着许多具有普适价值的内容，如"和为贵"的思想、"仁爱"的精神以及"温、良、恭、俭、让"的处世原则等，都具有超越时空的社会价值。同时，我们还应充分认识到，儒家礼乐文化中确实存在着一些过时的、消极的、落后的内容。比如对社会等级的过分强调，对人性情欲的过分节制等，都有矫枉过正之嫌。

中国古代以孔子为代表的儒家所倡导的"礼"是中国传统文化有别于西方文化的特质。也可以说中国传统文化的特征或表征就是"礼"。中国数千年历史所积淀的传统文化就是"礼"的文化，中国古代政治就是礼的政治，中国古代历史就是"礼"的历史。在中国古代，"礼"的发达程度，"礼"在整个民族精神和社会政治中的作用，都有着独特的、极其重大的文化意义。因此，从某种意义上可以说，中国传统文化的整体特征就是儒家所倡导的"礼"，以及以"礼"为基调的礼乐文化。

汉代以前，儒家只是诸子百家中的一家。汉武帝独尊儒术以后，儒学定于一尊，于是儒家所倡导的以"礼"为基础的礼乐文化，也应运成为官方正统的政治伦理思想基础，"礼"的一些基本观念和价值标准与国家政治制度密切地联结在一起，具有了绝对的权威性。在此后两千多年的古代社会中，"礼"便成为中国传统文化的突出表征，并一直作为一种规范，一种社会控制的手段，一种对秩序和对修养与文明的追求，对整个中国历史、文化的发展产生了广泛、持久和深刻的影响。从而使我国传统文化表现为一种"礼"的文化范式。

我们说我国传统文化是一种"礼"的文化范式，并不是说"礼"的具体内容在我国数千年的发展历程中是永恒不变的，而只是从总体上说"礼"的价值标准和理论基础，始终在我国古代数千年的历史中，为历代社会所普遍接受和认同。实际上，即使终生以"克己复礼"为己任的孔子也并不认为"礼"的具体内容是永恒不变的。他在与弟子子张讨论"礼"的发展变化时说，由夏到殷到周，礼的发展，有所"因"（继承），又有所"损益"（增减变化）。周王朝以后即使再过一百代，礼的内容的发展变化也是可想而知的。不过，孔子所谓"损益"，只是指"礼"的具体内容的发展变化，而并非指"礼"的精神和基本原则而言。

尽管在我国数千年的古代社会中，由于社会生产力的发展带来的经济关系和思想意识的变迁，以及异族文化的影响，传统"礼"文化多次受到冲击和挑战，"礼"的某些内容也随着时代的发展而有所"损益"。但是，我国古代传统文化的"礼"的范式始终保持了自身结构和功能的完整统一，"礼"始终是我国数千年古代社会各种社会制度的理论基础和价值标准，也始终是我国历代社会意识形态所追求的理想社会的制度模式。实际上，无论是汉儒董仲舒阐述的"天不变道亦不变"的"道"，还是魏晋玄学所讨论的"名教"，抑或是宋明理学所探讨的"理"或"天理"，虽然在形而上的程度上有所差异，但其主要内涵是相通的，实质上都是在不同的文化背景下对"礼"的本质内容的认识和界定。因此可以说我国传统文化范式就是一种礼乐文化的范式。我国古代社会之所以长期呈现为一种"超稳定结构系统"，一个很重要的原因就是因为我国古代社会以及与其相适应的传统文化长期处于礼乐文化的范式之中！

二、礼乐文化与中国古代政治

中国数千年历史所积淀的传统文化的主体就是礼乐文化，中国古代政治基本上就是以礼乐文化为基础的政治。礼乐文化与中国古代政治理念、政治行为和政治制度都有着密不可分的联系。

早在原始社会末期，随着等级制度的逐步确立，尊卑贵贱有别的观念也日益强化。等级社会中的统治者制定的礼，也被赋予了维护、规范君臣、父子、长幼、男女尊卑贵贱有别的职能。

正如《礼记·丧服小记》所说："亲亲、尊尊、长长，男女之有别，人道之大者也。"

　　所谓"礼"，就是中国古人将在日常生活中积累形成的各种规范制度化，并借助制度的力量进一步确认、强化和维护等级秩序的典章制度、行为规范以及与之相适应的思想理念。"礼"的宗旨就是通过对人们的衣饰器物、周旋揖让的许多仪节做出具体详细规定，使每个人都培养起自己的社会角色意识，即在复杂的社会关系中，明确自己所处的地位和身份。人们在接受"礼"的约束，践行"礼"的要求的过程中，在潜移默化中逐渐地适应，最终培养形成循礼守制、不逾名分的风俗习惯，并在观念深处认同和接受"礼"的要求和约束，最终形成守礼、行礼的自觉意识和以礼自律的能力。当人的道德境界提升到一定高度后，人的行为就会由外在的约束进而转变为内在的自觉，由他律转化为自律。在"礼"的规范下，每个社会成员都在严格的等级序列中明确了自己的定位，充当着特定的社会角色，尊卑上下、长幼亲疏各有分寸而不淆乱，人们各就其位，各司其职，各安其分，各奉其事，各得其所。"序"立则"纲"举，则"名"正，"纲"举"名"正，则"家正""国正""天下定"，社会才会秩序井然、和谐稳定。

　　"乐"既是人内在心性的外在体现，又可以砥砺人的心性、情操。因而，古人认为，治世之乐声，和谐安稳，乱世之乐声，充斥怨怒之气；亡国之乐声，则充满忧愁悲伤。乐声如果紊乱，就必定会出现君骄、官坏、民怨、财匮等现象，那么，国家的灭亡也就快了。只有礼乐兼备的统治者，方可谓之有德。乐声纯正合礼，也有移风易俗之功效。

关于礼与乐之间的关系以及它们的政治功用，汉代史学家班固曾在《汉书·礼乐志》有过精辟的论述。他说："礼节民心，乐和民声，政以行之，刑以防之。礼、乐、政、刑四达而不悖，则王道备矣！"他认为礼与乐相辅相成，"乐以治内而为同，礼以修外而为异；同则和亲，异则畏敬，和亲则无怨，畏敬则不争。揖让而天下治者，礼乐之谓也。"他强调礼乐的本质就是别异和同。别异以明尊卑，和同以附万民，所以对于巩固国家秩序来说，二者皆是不可或缺的，故而每个朝代、国家皆有自己的礼乐，即"王者必因前王之礼，顺时施宜，有所损益，即民之心，稍稍制作，至太平而大备。"

《礼记·乐记》说："大乐与天地同和，大礼与天地同节。……乐者，天地之和也。礼者，天地之序也。"可见，在以孔子为代表的儒家学派看来，"礼"与"乐"的最大特点与功能都体现在"和"上。

礼乐相辅为用。如果说礼是从外在的、客观的、强制的方面来规定臣民的等级名分，那么，乐则是从内在的、主观的、自然的方面来使臣民服从宗法与国家的等级制度。由于二者都具有区分、规范、确认及维护尊卑、贵贱、长幼、亲疏这些社会关系等级差异的功能，即所谓"别异"，因而历代统治者都对其青睐有加，并不遗余力地加以倡导、宣扬。

礼乐文化对古代中国职官制度也有重大影响。据《周礼》记载，西周时，中央政府系由天官冢宰、地官司徒、春官宗伯、夏官司马、秋官司寇、冬官司空及其各自下属职官组成。春秋之世，礼坏乐崩，若干遵守周礼的诸侯国，尚有上述若干职官的设置。如孔子曾担任过鲁国的司寇，职掌刑法。然而，后因受周文化影响较为微弱的秦国最终统一全国，其中央职官体系，改由丞相、太尉、御史大夫为首组成，与周礼迥然相异。西汉初、中期中央职官的设置，大体沿袭秦制。汉武帝实行"罢黜百家、独尊儒术"的政策后，儒家思想在政治、经济、学术、社会生活等领域中的主导地位才逐渐确立。因礼书记载而备受儒家推崇的周制，在复古思潮的推动下，也就日渐受到统治者的青睐。西汉后期，最终取消了丞相、太尉、御史大夫等职官名称，代之以（大）司徒、（大）司马、（大）司空等职官名称，秦制为礼书记载的周制所替代。以后历代中央政府职官虽多有变更，但都或多或少受到礼书记载的周制的影响。

中国古代的礼乐文化与法制也有密切的关系。从本质上来说，礼、法既有相通之处，即它们从一般的意义上来说，都是统治者制定的用来指导社会成员行为规范之统称；也有比较明显的差异，即礼主要借助于舆论说教和繁琐的仪节，在潜移默化中，发挥道德教化的作用，而法则主要采取赤裸裸的暴力和刑罚，对违反规定者予以惩处。

在儒家礼乐文化体系中，礼与法紧密地结合在一起，对社会秩序发挥着调节、约束的功能。在周公制礼作乐后的"礼治"时代，法作为礼治体系的一个组成部分而存在。礼治体系最大程度地发挥了教化的作用，而法与刑则在礼治的框架之内对社会的违礼行为发挥着约束和惩戒作用。春秋战国至秦代是"法治"形成和确立的时代。这一时期礼坏乐崩，礼法分离，原本衍生于儒家的法家逐渐在儒、法之争中占据上风，原本附于礼治的法获得了独立的发展时机，并最终成为秦王朝的统治思想。

汉武帝"罢黜百家，独尊儒术"之后，汉代儒者在承袭先秦儒家礼乐文化的基础上，对礼、法关系重新进行了审视和思考。他们通过对秦政的反省，认为过分摒弃"礼"和"德教"，独用严刑峻法是秦王朝亡国的主要原因。于是汉儒开始了在不排斥"法"独立存在的前提下，致力于建构"礼法结合"的新的礼乐文化体系。

董仲舒提出的"春秋决狱"理论，即运用儒家五经，特别是《春秋》经义与精神，作为裁断司法诉讼的权威依据，其实质在于用儒家经义解释法律条文，用儒家思想改造法律制度，在汉代风靡一时。许多经学大儒，如叔孙宣、马融、郑玄等，纷纷著书立说，以经义诠释法律。一些深受儒家思想影响的司法官吏，也在有关言论和司法实践过程中，揭开了援礼入律的序幕。如东汉陈宠，虽任职掌司法的理官，但在处理诉讼案件时，却常常引经据典，以儒家经典有关经义为准。他还上奏汉章帝，建议淘汰烦苛的法律条文，以礼为制法、执法之准绳。

汉儒所建构的新的礼乐文化体系的特点就是德主刑辅、礼法融合。具体说来，就是以儒家传统的伦理道德规范作为社会的指导思想，在司法实践中依照儒家经典的原则来决狱，体现礼所倡导的精神。

在汉代以礼乐文化为基调的礼法互补的政治架构中，礼侧重于预防犯罪，即导民向善，所谓"禁于将然之前"；法侧重于惩罚犯罪，即禁人为非，所谓"禁于已然之后"。礼的规范可以弥补法律条文的不足；法律条文在一定程度上可以强制推行礼的一些规范。礼的等差性与法的特权性是一致的。礼法互补，以礼为主导，以法为准绳；以礼移风易俗，以法惩恶彰善，以礼缘饰政治的仁爱，以法渲染政治的权威，从而推动国家机器有效地运转。

汉代以降，虽然礼、法融合的进程始终没有停止，但儒家的礼乐文化精神与法家的制度一直作为我国古代社会政治的主要基调。自三国曹魏开始，援儒家经义，特别是援礼入法，逐渐成为历代政权在制定法律制度时，采取的比较普遍的做法。《晋律》的修定，是中国古代法律儒家化正式启动的一个重要标志。参与制定《晋律》者，大都是当时的博学鸿儒，其中，荀颢、羊祜等，均为当时著名的礼学名家。儒家化后之《晋律》，对后世律令制度，产生了深刻的影响。北魏在沿袭汉代以来中原、河西、江南法律因素的基础上，又任命崔浩、高允、刘芳等对儒学经典娴熟的人，修定律令。北魏修定的律令，上承两汉、魏晋律令儒家化之源，下启隋唐律令，是古代中国法律儒家化进程中的一大关键，也被学者视为两千年来东亚刑律之准则。唐初，曾先后修定、颁行《武德律》《贞观律》。唐高宗时，制定《永徽律》，后又对该律逐条逐字进行注解，形成律疏。永徽四年（公元653年），唐高宗诏令颁行《永徽律》，律疏附于律文之后，与律文具有同等法律效力。律文、律疏，合称《永徽律疏》，又称《唐律疏议》。这部法律，彻底实现了礼、律的结合，礼的精神完全渗透、融合进律中。以至有学者提出，礼是唐律的灵魂，唐律是礼的法律表现。其后，宋、元、明、清刑律也多与礼关系密切，互为表里，礼、法遂为一体。

礼乐文化与历代统治者的若干典章制度、政治思想与施政行为都有着密切的关系。自先秦时起，统治者祭祀天地、祖宗、社稷等礼仪，虽自始至终表现为各式繁文缛节，但无一不体现着统治者宣扬君权神授、祈求神灵庇佑的心态。有的统治者在执政、施政时，喜援引礼经，作为行事准绳和权威依据。如西汉哀帝即位时，社会各种矛盾尖锐，统治岌岌可危，统治者面临前所未有的严重危机。为挽救西汉王朝，振颓起弊，汉哀帝推行了一系列的改革，其中，包括废除演奏既有伤风化，又是权贵僭越礼制，变相蔑视皇权的萎靡之音的乐府；倡导三年丧礼；确定皇太后、皇帝、皇后的尊号；推行为生前有功德的皇帝宗庙追加庙号的宗庙礼制改革等内容的礼乐制度改革。王莽建立新朝后，为恢复三代大同盛世，遂以《周礼》为据，生搬硬套，改革诸项制度。王安石为推行富国强兵的新政，也以《周礼》为号召，于其中援引改革的依据。由此可见，儒家所倡导的礼乐文化是中国古代政治的重要特色与基调，即使古代的许多变法与改革的政治行为也多是从儒家礼典中寻找理论依据的。

三、礼乐文化与中华民族精神

民族精神是一个民族文化中固有的、体现某种价值取向并且持续发展的一种优秀的历史传统。它是一个民族在一定的历史背景、地理环境、文化传统、生活方式中经过长期发展而形成的为该民族成员所认同的心理、观念、伦理、习俗、信仰、科学、艺术等方面的群体意识、风貌和特征。对任一民族来说，民族精神都程度不等地具有凝聚、调节、推动、教化的功能。民族精神是一个民族自我认同的核心内容，是一个民族文化身份的集中体现，是一个民族赖以生存和发展的精神支柱，也是一个民族立于世界民族之林的身份特征。

儒家所倡导的礼乐文化，在中华民族精神的塑造、完善过程中，发挥了关键性的作用。概括而言，礼乐文化倡导的"德"与"和"的价值取向，即崇尚仁义道德及与自然、他人、社会和谐相处的价值取向，成为中华民族精神的核心价值观念。

仁义道德是中国古代礼乐文化孜孜以求的终极目标。按照礼乐文化的要求，小至一个人、一个家庭，大至一个群体、一个民族的所有成员，都应具备高尚的操守和品德。人是万物之灵，是构成家庭、社会、国家的最基本的元素。每一个人的品行修养程度，直接关系到家庭、社会、国家的安危与稳定。因而，在礼乐文化中，对人（无论是具体的个人，还是抽象观念中的人）的品行修养，都不厌其烦地制定了方方面面的规定。那些品行高尚、能力卓越的"圣人""贤人""君子"也因而被历代人讴歌、称颂，乃至膜拜。

那么，理想的人的品德包括哪些方面呢？据《礼记·儒行》记载的孔子关于"儒"的有关论述，即小至个人日常饮食起居、言语行事、道德操守，大至为国、为社会、为他人的安定、幸福而不惜牺牲、放弃自己的一切，甘愿奉献、不求回报的精神和行为，似乎可以给我们一些有益的启示。概括言之，在中华民族精神中，"德"应具备忠、孝、仁、义、恭、敬、悌、爱、恕、诚、信等品行。具备了上述人格、品行的人，才有可能是一个高尚的人，一个值得世人尊为楷模的人。

"德"既不是天生的，也不是通过简单、空洞的说教即可具备的，必须从细微之处，即从人的日常生活的方方面面，如饮食、起居、言语、相貌、一举一动等这些看似不值一提的小处着手，才能逐步培养树立起来。例如，人要时刻保持庄严的相貌。言语要谨慎，避免引起别人的误会，伤害彼此之间的感情。说话时，要深思熟虑，言之有据。要言而有信，说到做到，言行相符。在社交场合，站要有站相，坐要有坐相，要保持庄严、恭敬之态，不能随意懈怠。饮食也要注意礼节：不要将饭桌上可口的饮食占为己有，不要狼吞虎咽，以免有贪吃之嫌，对饮食的味道不要随便加以评论，或者自己随便施加调味品。不能一味地放纵自己的某些欲望，要有意识地加以节制。

"孝"是"德"范畴中的一个重要概念。所谓"孝"，包含"养""敬""谏""继志"等一系列内容。孝顺父母，尊重长辈，是中华民族的传统美德。所谓"养"，是指要在物质上供养父母、长辈，向父母、长辈提供衣、食等生活资料。所谓"敬"，就是要尊重父母、长辈，不要因自己的言行失当而使他们受到侮辱。这种发自内心的对父母、长辈的"敬"，较之单纯向父母、长辈提供基本、必须的生活资料的"养"而言，显然又提升了一个层次。所谓"谏"，是指如果父母的言行违背了道德礼义，作为子女既要做到"子为父隐"，也应不厌其烦地委婉劝谏，避免他们犯下更严重的失误。所谓"继志"，是指如果父母去世，则葬之以礼，祭之以礼，要继承父母之志。

"敬"，也是"德"的重要内容。吉、凶、宾、军、嘉五礼，皆以"拜"为敬。吉礼中祭祀天、地、祖先、自然界的各种神灵之礼，丧葬礼仪中的拜谢、稽颡之礼，宾礼中主人拜、迎客人、主宾互拜之礼，军礼中的肃拜之礼，嘉礼中的冠礼、昏（婚）礼、乡饮酒礼时的宾、主拜答酬谢之礼，行礼者都要恭敬，这既是品德修养的内在要求和外在体现，也表现出对他人的尊重。

"德"还包括诚信。《礼记》把"诚"上升到本体论的高度，赋予诚信非常高的道德评价，并把诚信视为大同社会的重要特征之一："大道之行也，天下为公。选贤与能，讲信修睦。"大禹、商汤、周文王、周武王、周公等之所以被历代奉为圣贤，就是因为他们谨慎遵礼、讲究诚信。在儒家礼乐文化体系中，"信"与"礼"有密切不可分割的关系。"礼"与"信"互为前提条件。首先，"礼"是"信"的条件。语言作为沟通人际关系的重要手段，是以遵循一定规则为前提的。一个人说话信口开河，不可能取信于人。其次，"信"是"礼"的道德基础。"忠信"是"礼"的根本。没有"忠信"，"礼"就成了无本之木，无源之水，也就无所谓"礼"。

在儒家倡导的礼乐文化中，"和"是与"德"并列的核心价值观念。"和"既倡导人与自然的和谐相处，主张实现"天人合一"的理想境界，也强调人与人之间和睦相待，实现大同理想社会。这种观念经过长期的历史积淀，已成为中华民族精神的重要精髓，对我国现代和谐社会的建设，具有丰富的启迪和借鉴意义。

所谓"天人合一"思想，如果摒弃其中荒诞不经的神秘学说，我们不难发现，其核心思想与现代西方学界生态伦理学说有异曲同工之妙。它主张："天"与"人"合而为一，人是自然界的一部分，高扬宇宙生命统一论；"天道"与"人道"合一，坚持自然规律与道德法则的内在统一；尊重生命价值，兼爱宇宙万物，把遵循自然规律，追求人与自然的和谐发展，作为最高的道德旨趣和人生理念。但仅仅具备这种观念是不够的，在中国古代礼乐文化中，还包含着丰富的保护生态环境的具体理论、观念和方法。

为有效保护人类赖以生存的环境，周代在政府部门的设置上，就已经进行了比较系统、完善的规划。据《周礼》记载，周代设置有专门管理自然资源、山泽之材的虞衡、薮牧。在司徒的属官中，有掌管土地施肥的"草人"，有掌管稻田水利的"稻人"，有掌山之禁令的"山虞"，有掌泽之禁令的"泽虞"，有掌林之禁令的"林衡"，有掌川之禁令的"川衡"，有掌田野狩猎之禁令的"迹人"，还有掌矿之禁令的"矿人"等，上述职官和制度的设置，都体现出保护生态自然的基本思想：在利用林木、土地、水、野生动物等自然资源时，必须遵循可持续发展思想，不能竭泽而渔，应保护自然资源的再生能力不受破坏。

除设置职官、制定法律以保护生态万物外，周代人还认识到：自然的运行和物类的生存，皆有规律可循，应注重掌握、利用这一规律，以达到充分利用物类而不浪费的目的，由此形成"取物以时"的观念。《礼记·月令》就充分体现了这种观念。在《礼记·月令》的记载看来，人不能违背自然规律而肆意妄行，只能按照自然规律行事，人的行为必须与自然相和谐，人的道德理性必须与自然规律相一致。若不遵循这一理念，即会被视为非礼不孝的行为。《礼记·祭义》记载说："夫子曰：'断一树，杀一兽，不以其时，非孝也。'"如春季是自然界动、植物复苏、生长、繁衍的季节。此时，为政者要顺应节令，命官吏百姓皆从事农耕。要祭祀山川林泽等神灵，祈求他们的庇佑。不过，用作祭礼的牺牲，不能是雌性，因为春季是雌性动物繁衍后代、养育生命之时，杀生，尤其是屠杀孕育、繁衍生命的雌性牲畜，有违天性。不得砍伐林木、毁坏鸟巢，不能伤害幼小的动物，不得毁坏鸟卵，人类的田猎活动必须依礼而行，取之有度，绝不可狂捕滥杀，以顺应自然界生机勃勃之时令。

中华民族精神中的"贵和"理念，既强调天人合一，即倡导人与自然界的和谐共存，更主张人与人之间、人与社会之间的和睦相处。而且这种"贵和"理念，也适用于处理不同的国家、民族之间的关系。由于历史和现状的差异，国情不同，各个国家、民族之间在交往过程中，难免会发生分歧、冲突和对抗。从总体上来看，自古代至近现代，西方文化多主张通过竞争、斗争的方式，来消除矛盾、冲突。历史事实表明，单纯诉诸武力或以武力相威胁，对于任何一方来说，最终或许都要付出沉重的人力、物力、财力代价，甚至还会对交战国家及邻近国家、地区人民的生命、财产安全造成严重的破坏，危及世界和平。所以，解决各国、各民族之间矛盾、冲突的最佳方式，就是要坚决反对诉诸武力或以武力相威胁的方式，力主以和平的方式，来解决彼此之间的分歧和冲突。

当然，我们不能简单地将中国古"礼"主张的"和"理解为无原则和稀泥式的同一、调和，而应是以确认差别为前提的"异中之和"，是在一定条件和原则下的谐和、融合，即"和而不同"。

"同"是指取消矛盾，使之成为单一的、无差别的事物，或者是处理问题时盲目附和。"和"是指通过各种不同因素的差异互补，来寻求整体的最佳结合，使有矛盾和差异的双方，共处于一个统一体中。"和"以承认差异和矛盾为前提，强调包容矛盾各方。可见，"和而不同"努力建构的是对立统一或多样性的和谐统一的理想境界。一方面，"和而不同"具有兼容并包的性质，具有"柔"的特性，体现了中华民族"厚德载物""以和为贵""宽厚兼容"的精神。另一方面，它又具有"和"而不同的"刚"性品格，虽尚"和"，但不一味苟同，盲目附和。历史和现实反复证明，"和而不同"，是社会事物和社会关系发展的一条重要规律，也是人类社会健康发展的正确道路。

儒家礼乐文化传统的形成

一、"礼"的起源

儒家礼乐文化的核心是"礼"。中国古代众多学者曾对"礼"的起源进行过多方位的深入探讨和论述。在种种带有神秘色彩的阐释中，最具典型代表意义的，并在历史上产生过重要、深刻影响的说法主要有如下两种：

其一，"礼"是与天、地共生的。如春秋时人晏婴认为："礼之可以为国也久矣，与天地并。"西晋时学者杜预也说："有天地则礼义兴。"或许是对这一说法并不满意，认为此说尚不足以体现"礼"的神圣性、权威性，唐代主持编纂《五经正义》的孔颖达干脆宣称："夫礼者，经天纬地。本之则太一之初。"意谓宇宙万物产生之初，"礼"就已经存在了。

其二，"礼"是古代圣贤制作的。毕竟，天地为人类制定礼乐制度，总归是虚无缥缈、无凭无据之事，以理性的眼光看来，无疑是荒诞虚妄之说。因而，中国古代一些比较严谨、理性的学者对这种说法并不以为然。他们认为，所谓的"礼"应该是古代的圣贤制定的。

上述第一种讲法当属无稽之谈；而第二种讲法，虽然难以确证，但当是有一定历史根据的。

按照传统的说法，尊卑之礼是生活时代最为古远的燧人氏

（燧皇）制作的；婚姻嫁娶之礼是伏羲氏制作的；祭祀之礼是神农氏制作的；军礼、凶礼、宾礼是黄帝制作的。到虞舜时，吉、凶、宾、军、嘉五礼就已经完全具备了。当然，为后世儒家尊崇的周公更被认为是在损益"古礼"的基础上而"制礼作乐"的圣人。

20世纪初，现代学者王国维运用当时新发现的可确定为中国最早的成熟文字——甲骨文的有关记载，对"礼"的起源做出了阐释。他认为甲骨文中的"豊"字即是"礼"字的初文，为一会意字，意指像手持盛放玉器的器皿以祭祀神灵。因而，"礼"当是商朝人为祭祀神灵而创制，反映的是对神灵虔诚的祭祀。

由于甲骨文确为可触可见的商朝人的遗物，因而王国维对"礼"字的解释，对"礼"起源的分析，为现代学界普遍接受。此后，随着民族学、民俗学有关理论、资料的广泛应用，越来越多的学者意识到，中国古代"礼"的许多内容，实际上来源于远古时代人们在日常生产、生活过程中逐渐形成的，为某群体所认可和遵守的，具有一定约束力的习俗、习惯。这样，借助于考古学、民族学、民俗学，人们最终揭开了古代笼罩在"礼"上的神秘面纱。

需要指出的是，尽管"礼"的许多内容来源于民众日常生产、生活、宗教信仰领域的习俗、习惯、仪节，但也经过了许多圣贤哲人，其中即包括上述被古人尊崇为"圣贤"者的提炼、升华、再造，最终形成较为成熟的"郁郁乎文哉"的周代礼乐文化形态。从这个意义上来说，"礼"为古代圣贤制作说，无疑具有一定的合理性。

二、周公"制礼作乐"

被古人尊奉为礼乐制作者的燧人氏、伏羲氏、神农氏、黄帝等传说中的人物，在历史上究竟是否确有其人，迄今仍是一个扑朔迷离的问题，难以定论。但是被儒家尊崇为"制礼作乐"的圣人的周公，历史上可是确有其人，而且其"制礼作乐"之功也见于许多文献，并得到古今学者的公认。如《礼记·明堂位》说："武王崩，成王幼弱，周公践天子之位以治天下，六年朝诸侯于明堂，制礼作乐，颁度量而天下大服。"《尚书大传》卷三也说："周公摄政，一年救乱，二年克殷，三年践奄，四年建侯卫，五年营成周，六年制礼作乐，七年致政成王，北面就群臣之位。"

周公姓姬名旦，是周文王的第四子，周武王的弟弟。因其采邑在周地，故称周公。在周武王灭商前后，周公作为贵族集团的成员，为周灭商做出了重要贡献。

灭商后不久，周武王就病逝了。由于当时武王的儿子姬诵（即周成王）年幼，难以掌握朝政，于是周公便权宜行事，一

曲阜周公庙

方面拥立姬诵即位，另一方面由自己摄政，即代理成王发号施令，处理朝政。

相传周公在施政过程中，根据以前的有关制度和规范，制定了一系列适应新王朝的国家典章制度和个人行为规范。由于这些制度和规范的突出特征是"礼"与"乐"，因而史称周公"制礼作乐"。

周公所制定的礼，是维护周王朝等级制度的政治准则、道德规范和各项典章制度的总称，后来发展为区分贵贱尊卑的等级教条。乐则是配合各项礼仪活动而制作的舞乐。舞乐的规模等级必须与享受者的身份级别保持一致。

周公"制礼作乐"是对中国社会、中国历史产生了深远影响的伟大工程，也是后世儒家倡导的礼乐文化的理论基础。

孔子说："殷因于夏礼，周因于殷礼。"又说："周监于二代，郁郁乎文哉。"这说明周公所制定的"礼"是在总结继承夏礼、殷礼的基础上而制定出来的，周文化是继承发扬夏、商文化而繁荣兴盛起来的。

当时所制定的礼乐制度主要有如下几方面的内容：

1. 建立起以嫡长子继承制为基础的宗法制度

以维护和强化嫡长子继承制为宗旨的宗法制，是在周公主持下创造的将父系宗族结构中的血缘亲属关系与政治结构中尊卑上下关系相结合的一种制度，是使各级贵族的等级关系法定化的制度。说宗法制是周人的创造，即是说这项制度在殷代还不曾有过，或仅有些萌芽。宗法制是为了适应改造氏族社会的血缘关系以维护阶级社会嫡长子继承制的需要而产生的。嫡长子继承制是宗法制的核心内容。周公把宗法制和政治制度结合起来，创立了一套完备的服务于当时王权与君权的宗法制度。

殷代在继承制度上是传弟和传子并存的。传子和传弟有传长、传幼和传贤的矛盾。传弟更有个传弟之子和传兄之子的矛盾。这些矛盾的存在，往往导致王室纷争，王室纷争又会导致王权衰落，国祚不久。周人在周公之前也没确立嫡长子继承制。文王之祖父古公亶父去世后，继承王位的不是长子泰伯或次子仲雍，而是少子季历。武王有兄名伯邑考，文王却以武王姬发为太子。自周公确立嫡长子继承制度以后，历成王、康王、昭王、穆王、共王、懿王，除去孝王外直到幽王都是传子的。这样便在很大程度上避免了由王位争夺而引发的政局动荡，使西周王朝保持了较长时期的政治稳定。

按照周代嫡长子继承制的原则，只有天子与诸侯的嫡长子可确立为世子，有继承王位或君位的权利。而其余诸王子与诸公子无权继承王位或君位，只能以别子的身份另立新宗，以与君统相分离。在宗统内部，也只有宗子的嫡长子才有"传重"、继承宗统的权利。这位"传重"的嫡长子相对于众庶子来说为大宗，众庶子即为小宗。由于嫡长子只有一个，这就从宗族血缘关系上保障了王位与君位的稳固，保障了各级贵族的政治地位不致受到诸下级贵族，即众庶子的僭越。如此，便构成了周天子及其同姓诸侯、卿大夫、士之间法定不移的等级名分制度。宗法制度的创立与推行是周代社会制度的一大特色，而与宗法制度相适应的思想观念也自当是周代思想意识形态的内容。

2. 大规模推行和完善了完整的分封制度

继周武王灭商后，周公又率师东征，经过几年艰苦的战争，平定了管叔、蔡叔、武庚为首的叛乱。如何在新征服的广大地区维持和巩固周王朝的统治，成为当时新生的周王朝面临的一个重大政治课题。周公审时度势，把姬姓王族分封到各地，建立起众多诸侯国，使周王朝中央政府与地方政权建立起新的格局关系，加强了周王朝对各地的间接统治。周初的齐、鲁、燕、卫等重要诸侯国都是周公所分封。同时，周公还分割殷商故地，分封商纣王的庶兄微子启建立宋国，以便安抚殷商遗民。通过这种分封制度，从根本上解决了殷人叛乱复辟的问题，保证了周王朝的长治久安。

周公确立和完善的分封制的基础是以嫡长子继承制为核心的宗法制，即以血缘为纽带，规定周天子的王位由长子继承，同时把其他庶子分封为诸侯卿大夫的制度。他们与天子的关系是地方与中央、小宗与大宗的关系。与此相应，周公还制定了一系列严格的君臣、父子、兄弟、亲疏、尊卑、贵贱的礼仪制度，以调整王朝中央和地方、王侯与臣民的关系，加强中央政权的统治。周代大封同姓诸侯，主要目的就是要通过分封同姓诸侯而构筑起一道屏障，来捍卫周天子的中央权威，也就是以周族的血缘关系为纽带，逐次分封，建立起以逐级臣属和纳贡为条件的家族系统，而周天子就是这个以天下为家的家族系统的大家长。这种分封制，通过将周王室子弟分封到各地实施统治的方法，取代了各地原有的氏族部落首领的统治，打破了原来大大小小的方国自然存在的状态，加强了周王室对占领区的控制。此外，周王朝还分封了许多异姓诸侯。由于周代同姓不婚，周王室多与这些异姓诸侯通婚，因而周天子往往与这些异姓诸侯有着甥舅关系。这样就进一步通过血缘婚姻关系组成了周人的政权结构和统治系统。

周公制礼作乐所要解决的中心问题是在社会上建立一套区分尊卑贵贱的等级秩序，并通过这一等级秩序的确立来保证国家政权的正常运转。周代大封同姓诸侯，其主要目的就是要组成一个以宗法血缘纽带结合起来的用以统治天下的政权结构。无疑，它比殷代以部落联盟形式统治天下更有效。

3. 制定"五礼"作为政治和社会生活的准则

为了维护在宗法血缘关系基础上建立起来的政治等级制度，周公还在损益夏、商礼俗的基础上主持制定了一系列适应当时社会秩序的"吉、凶、军、宾、嘉""五礼"，包括有关祭祀、丧葬、军旅、盟会、朝觐、婚冠等各种各样的典礼仪式以及社会生活中的各种行为规范等。这些礼仪典制和行为规范覆盖了当时社会生活的各个方面，人们的衣食住行、视听言行无不受其节制和规范。众所周知，殷商时期的思想文化具有"尊神尚鬼"的宗教化特征，而周公所创制的礼乐文化实际上弱化了"鬼神"对人世生活的干预，强化了礼乐对社会生活和思想意识的节制和规范作用。这样就使中国文化从原始宗教中摆脱出来，走上了非宗教的人文主义道路。

4. 制作了与礼相辅而行的"乐"

周公创制的礼乐文化包括礼与乐两方面的内容，二者相辅相成。所谓乐，是指与各种礼仪相结合的音乐和舞蹈。乐舞本身并非周公的创制，早在原始社会时期的先民们就已经创造了丰富多彩的乐舞形式。周公"作乐"，一是创制了一些新的曲目，二是将乐舞与各种礼典密切结合起来，规定不同等级的社会成员所行之礼要使用不同等级的乐舞，不得僭越。这是周公对传统礼、乐所进行的创造性改造。

周代各级贵族进行的礼仪活动都必定配有相应等级的乐舞。当时，无论举行祭祀活动，还是出兵征伐以及其他社会活动，都有隆重的仪式。这些典礼仪式都配以各种不同的乐舞。相传这些乐舞有许多就是周公所"作"。如周代"六舞"（又称"六乐"）中的《云门》《大夏》等据说就是经过周公加工整理而成的。据说周代著名的《大武》乐也是周公亲自制作的。《大武》乐的曲调早已失传，但其歌词则保存在现存的《诗经·周颂》中。

周公制礼作乐，对巩固周王朝的统治发挥了重大作用。成王、康王之时，天下安宁，四十年不用刑罚，史称"成康之治"。更重要的是，正如不少学者已经指出的那样，制礼作乐奠定了后世儒家学说的基础。

从政治历史的角度来看，周公所作的"周礼"，作为一种行为规范，既是一种道义要求，也是一种强制要求。当它以社会舆论为导向时，就表现为道义要求，具有"礼教"的性质；而当它以国家强制力为后盾保证实施时，就表现为强制要求，具有"礼法"的性质。因而周公所创制的礼乐文化既包含了礼仪、习俗等方面的民法规范，也包含了刑罪罚过的刑法规范。周代礼乐文化的实施和普及，正是"礼教"和"礼法"相辅相成、互相作用的过程。

周代乐器
（曾侯乙墓编钟）

"周公制礼"实质上就是将以祭神敬祖为核心的宗教仪式（礼仪）和周族远古以来的风俗习惯（礼俗），加以系统的整理、改造，通过"殷因于夏礼""周因于殷礼"的传承，吸收"夏礼""殷礼"中的一些制度（礼制）规定，并根据实际统治需要加以补充、创制，从而形成的一套规范化、系统化的早期奴隶制习惯法规（礼法）。它把周王朝"奉天承命"的合理性和"孝敬"君王的原则性加以确认，借以巩固"君君、臣臣、父父、子子"的等级制度和以血缘关系为纽带的宗法制度。

《周礼》《仪礼》二书的若干内容，西周时期的某些与当时的宗法社会相适应的礼乐制度，应是周公依据前世流传下来的礼俗，并根据时代需要加以损益修撰、制定而成的。通过礼乐的形式，把阶级社会中各等级的权利和义务制度化、固定化，使社会秩序处于相对稳定和谐的状态之中。从而形成孔子所景仰的"郁郁乎文哉"的礼乐文明极盛期。

三、孔子"修起《礼》《乐》"

春秋时代，随着社会形态的演变和政治格局的变迁，逐渐出现了"礼坏乐崩"的局面。有鉴于此，伟大的思想家孔子（公元前551年—公元前479年）通过总结、清理和反思夏、商、周三代的文化遗产，创造性地建立起以礼乐为核心的儒家思想体系，使礼乐成为儒家思想体系中的核心价值观念。

孔子倾注毕生心血编定六经，阐发自己的政治思想，并用之作为教诲弟子的教材。孔子的礼乐思想就寄托在他所编定的《礼》和《乐》中。

据司马迁《史记》和班固《汉书》记载，儒家六经中的《礼》（即后来传世的《仪礼》17篇）与《乐》就是孔子"修起"的。尽管今本《仪礼》17篇未必完全是孔子一人所作，其中可能有不少七十弟子及后学增补的内容，将其完全说成是孔子的个人著作可能与历史实际不符，但孔子对《仪礼》一书的整理编订之功，是可以肯定的。《乐》作为六经之一，也经过孔子的修订整理，但经秦始皇焚书坑儒之劫后便失传了。因而汉代只有《诗》《书》《礼》《易》《春秋》五经传世，而且也只设立"五经博士"。（也有人认为，本来就没有《乐》这部经书。孔子传授的"乐"，并不是一部以文字著录的经书，而是与《诗经》及各种礼仪活动相配合的乐舞曲谱。）

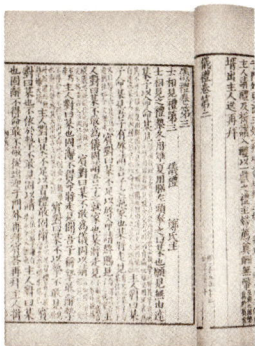

《仪礼》书影

　　孔子生当礼坏乐崩的春秋时期。当时旧的等级制度和等级关系开始动摇，维护旧的等级关系的礼制遭到了破坏。面对这种局面，以"克己复礼"为己任的孔子把恢复西周时期的礼制社会作为自己的最高政治理想。他对当时社会上各种违反礼和破坏礼的行为都加以批评和斥责。如他指责鲁国的季氏用"八佾舞于庭"，说："是可忍，孰不可忍！"对于季氏行祭泰山之礼，他批评说："曾谓泰山不如林放乎？"对于子贡"欲去告朔之饩羊"，他说："尔爱其羊，吾爱其礼。"在《论语》一书中，记载孔子关于礼的言论，占了很大比重，仅"礼"字就用了 72 次之多。可见孔子对礼的尊崇和对当时礼坏乐崩现象的痛心疾首。尤其值得注意的是鲁国当时保存了丰富的有关周礼的文献，因此晋国的韩宣子在鲁国"观书"之后，有"周礼尽在鲁矣"的赞叹。孔子是鲁国人，又曾仕鲁，因此他完全有条件、有可能读到鲁国所保存的有关周礼的文献，从中学习和研究周礼。他还曾周游列国，因此也可能接触到其他一些诸侯国中保存的文献。可见孔子具备编修《仪礼》的思想基础和学养基础。因此，热衷周礼的孔子完全有可能采缀宗周遗礼，按照自己的理想进行一定的加工整理，编订成《仪礼》一书，作为教育弟子的教材。

孔子从哲学本体论和社会历史观的角度，对礼乐进行了全方位和多层次的阐释和论证，奠定了中国传统文化关于生命本质与意义目标的基本观念，创拟了旨在让社会各阶级（阶层）在礼乐的约束下和谐共处的社会理想，并使古老的礼乐观念逐步升华为全社会普遍接受和认可的社会意识形态，使礼乐文化成为中国传统文化的主体内容。在孔子的思想体系中，礼乐是孔子政治思想和社会伦理思想的出发点和归宿。

此后，经过子夏、曾参、孟子、荀子等儒学大师的进一步发扬光大，以礼乐文化为核心的儒家学说日益兴盛。至汉武帝"罢黜百家，独尊儒术"之后，儒家学说更上升到国家法典的高度，不仅受到历代统治者的提倡和尊崇，而且几乎得到社会各阶层的普遍认可和信奉，致使孔子所开创的儒学成为中国最古老、最博大、最富影响力的思想学说。在历史上，以孔子为代表的儒家学派虽然诞生于"礼坏乐崩"的春秋时代，但它却是我国上古以来礼乐文化传统的集大成者。

四、秦汉以后历代礼典的修订

在"礼坏乐崩"的春秋战国之世，孔子所倡导的礼乐文化一直得不到各诸侯国的青睐，不及后来兴起的法家思想得势。秦汉之际，统治者多崇尚谋诈权略，尤其是秦始皇的"焚书坑儒"，更使儒家礼典毁损殆尽，使儒家礼乐文化遭受到毁灭性的打击。

西汉开国皇帝刘邦虽灭暴秦，克项羽，却为举行宫廷宴饮时粗鲁鄙俗的功臣们不成体统的行为而苦恼不已。于是，素来鄙视儒生的刘邦便不得不让儒生出身的叔孙通召集一批儒生，制定了朝仪，并对百官进行了礼仪训练。后来再举行宫廷宴会时，百官循规蹈矩，秩序井然，皇帝至高无上的权威得到了最大限度的体现。史书记载叔孙通还制定了宗庙、婚礼、使用礼器等诸礼仪制度，并将制度撰写成书，作为国家的礼典。

汉武帝"罢黜百家，独尊儒术"之后，儒家学说成为国家法典的思想基础和基本纲领，于是体现儒家礼乐文化精神、适应封建专制需要的礼典更得到封建统治者的青睐。此后历代封建王朝都根据政治需要在西汉礼典的基础上制定新的礼典。

西汉末年经学家出身的王莽夺取政权建立新朝后，也曾大规模地制定礼典。上自国家宗庙、社稷、封国、刑罚，下至民众生死嫁娶诸礼制，无不涉及。只是由于新朝短祚，大多数礼制尚未来得及推广普及。

东汉建国伊始，儒生出身的刘秀就访求硕儒，征集礼经，并任命当时通晓礼经及西汉旧制的张纯修订、制定郊祀、宗庙、婚礼、冠礼、丧葬诸礼仪。汉章帝于章和元年（公元 87 年）任命世代传习礼学的曹褒撰制新礼。曹褒参照叔孙通所定礼仪，结合当时流行且得到最高统治者尊崇的五经谶纬之文，制定了上自皇帝，下至庶民的冠、婚、吉、凶诸礼仪，编纂成一部规模宏大的礼典。

魏晋南北朝时期虽以乱世著称，民族斗争、阶级斗争、统治集团争权夺利之争此起彼伏。但这一时期却也是素来被视为不切实用的礼学研究繁荣兴盛的时期，当时儒者撰写的礼学著作的数量，远远超过同一时期其他诸经。《周礼》确立的吉、凶、宾、军、嘉五礼体系，也在这一时期撰定的若干礼典中得到贯彻和体现。

隋朝统一南北朝，结束了长期分裂的政治局面，重新实现了国家的统一。隋朝建国不久，即诏令牛弘、薛道衡等人集南朝、北朝历代礼仪，修撰《五礼》130篇。隋炀帝即位后，又招聚学者，修撰《江都集礼》120卷。隋朝礼典在内容上、体例上充分地吸取魏晋南北朝历代制定的礼典成果，既对以往礼制建设进行了系统的总结，也为唐朝礼典的修撰奠定了坚实的基础。

唐初，战争频仍，无暇顾及礼典的修撰，大致沿袭隋礼。唐太宗即位后，于贞观初任命房玄龄、魏征等负责修撰礼典。当时著名的学者如颜师古、令狐德棻、李百药、孔颖达等纷纷参与其中。在沿袭、损益隋礼的基础上，于贞观十一年（公元637年）撰成《贞观礼》（亦称《大唐仪礼》）这部礼典，诏颁天下。其包括《吉礼》61篇，《宾礼》4篇，《军礼》20篇，《嘉礼》42篇，《凶礼》6篇，《国恤》5篇，总计138篇，分为100卷。

唐高宗即位后，因有人批评《贞观礼》节文简略，于是唐高宗诏令长孙无忌等重新加以修订。显庆三年（公元658年）《贞观礼》修订完毕，计130卷，诏颁天下。这一修订后的礼典被称作《显庆礼》。（因其始撰于高宗永徽年间，故亦有人称其为《永徽礼》或《永徽五礼》。）由于《显庆礼》被时人抨击存在事不师古、希旨傅会的缺陷，所以，此后一段时期内，唐朝礼制或兼用《贞观礼》《显庆礼》，或以《贞观礼》为准而摒弃《显庆礼》。

鉴于《贞观礼》《显庆礼》存在诸多不尽如人意的缺陷，唐玄宗即位后，随着统治的稳定、经济的繁荣、文化的发达，唐朝历史迈进辉煌的"开元盛世"时期，制定一部权威的礼典也被提上议事日程。开元十四年（公元726年），张说建议重新修撰礼典，被唐玄宗采纳，即责令张说负责此事。四年后，张说去世，由萧嵩接替主持礼典的修撰。两年后，礼典修撰完成，共计150卷，包括序例3卷，《吉礼》75卷，《宾礼》2卷，《军礼》10卷，《嘉礼》40卷，《凶礼》20卷。这就是我国现存最早、保存最完整的官修礼典——《大唐开元礼》。它以内容全面、体例规整、折中异说而备受时人与后人的推崇。

《大唐开元礼》

就礼典的修撰而言，宋代的制礼活动极其兴盛。既有官方修撰的礼典，也涌现出大量的私人著述。就官修礼典而言，主要有：刘温叟《开宝通礼》200卷、卢多逊《开宝通礼仪纂》100卷、贾昌朝《太常新礼》40卷、王皞《礼阁新编》63卷、欧阳修《太常因革礼》100卷、郑居中等《政和五礼新仪》240卷等。私人修撰礼典数量众多，收录于《宋史·艺文志》史部仪注类的有近60部。其中影响较大者，有司马光的《书仪》和朱熹的《朱子家礼》。

辽、金、元三个由少数民族建立的政权，皆兼用汉族和本民族的礼俗，形成了汉礼、本民族礼仪并行的二元礼制，并且各自修撰了相应的礼典。

明太祖朱元璋非常重视礼典的修撰和礼制的制定。他在位时，曾招集儒生，成立礼、乐二局，修撰成《大明集礼》50卷。此后，明王朝的礼仪典制基本上都以本书为基础。

清在入关之前，皇太极曾诏令凡礼仪诸事皆仿照《大明会典》施行。顺治三年（公元1646年），刚刚入关不久，清军尚在为夺取全国统治权而与明朝残余势力及李自成、张献忠等农民起义军建立的政权进行激烈战事之际，顺治帝就诏令礼臣参照旧制，修撰礼书，为民轨则。他的这一举动虽然遭到了部分满族贵族的指责，但清朝统治者继续推进礼制建设。康熙二十九年（公元1690年），康熙诏令礼臣采择明礼而加以增删损益，修撰成清朝第一部礼典——《清会典》。乾隆时，随着清朝统治的巩固、社会日益稳定、满汉文化融合基本完成，礼典的修撰也达到了高潮。这一时期涌现出大量官修礼典，主要有：乾隆元年（公元 1736 年）敕修，历经 21 年完成的 50 卷的《钦定大清通礼》，乾隆二十四年至三十一年修撰的《礼器图式》，乾隆二十九年、四十九年两次敕修的《礼部则例》。乾隆以后，礼典的修撰主要是对乾隆时期修撰的礼典进行补充而已。如嘉庆九年（公元 1804 年）、道光二十四年（公元 1844 年）修撰《礼部则例》，道光四年（公元 1824 年）修撰《续纂大清通礼》54 卷。清朝末年，内忧外患接踵而至，清朝统治集团也多次推行改革或所谓"新政"。为适应变化了的社会现实，光绪三十三年（公元 1907 年）设立礼学馆，试图编订实行新政后的礼仪。宣统元年（公元 1909 年）诏命陈宝琛为总理礼学馆事务大臣，计划仿效北宋《太常因革礼》、清乾隆《钦定大清通礼》、江永《礼书》体例，修撰新礼典。终因辛亥革命爆发，清王朝旋即覆灭，礼典的修撰也就不了了之了。

儒家礼乐文化元典——"三礼"

"三礼"是指《仪礼》《礼记》和《周礼》三部儒家经典。

中国自古以来就以"礼仪之邦"著称于世。"礼"是中国古代儒家思想体系中的核心价值观念，也是中国古代传统文化的主体内容。它不仅包含了我国古代社会生活各个领域的制度和规范，而且还包含了与这些制度和规范相适应的思想观念。"三礼"就是记载我国古"礼"的三部极其重要的典籍。

东汉郑玄之前并无"三礼"的概念，也无"三礼"的名称。"三礼"之名始于郑玄为《周礼》《仪礼》和《礼记》作注，并作《三礼目录》一书。故《后汉书·儒林传下》谓：自郑玄兼注《周礼》《仪礼》《礼记》，始"通为三礼焉"。此后始有"三礼"之名，始有"三礼"之学。

一、《仪礼》

1. 《仪礼》书名溯源

《仪礼》17篇，即先秦儒家所传授的"六经"之一的《礼》。汉代又称《礼经》《士礼》或《礼记》，大约魏晋之际始称为《仪礼》。

至汉武帝罢黜诸子传记博士，唯立儒家"五经"博士，定儒术于一尊，《仪礼》17篇作为"五经"之一，自然名正言顺地被尊称为《礼经》。

《仪礼》17篇所载多是士人应用之礼，如其中《士冠礼》《士昏（婚）礼》《士相见礼》《士丧礼》《既夕礼》《士虞礼》《特牲馈食礼》等篇即基本上是专谈士阶层的礼仪的。因而汉人多称《仪礼》为《士礼》。

《仪礼》一书还曾一度被称为《礼记》，可能是由于其中既有经，又有记，故有此名。

《仪礼》之名最早见于东汉王充《论衡》一书。但在东汉文献中，《仪礼》一名仅此一见，而其他有关文献，未见有称《仪礼》17篇为"《仪礼》"者。今传本《仪礼》17篇通称为《仪礼》的现象大约出现于郑玄之后，范晔之前。《晋书·荀崧传》载：晋元帝时，"简省博士"，《仪礼》《春秋公羊》《穀梁》、郑《易》诸学博士皆在简省之列。太常荀崧"以为不可，乃上疏"，请"为郑《易》置博士一人，郑《仪礼》博士一人，《春秋公羊》博士一人，《穀梁》博士一人"。郑玄生当东汉末年，虽然郑玄之经学在当时即已名满天下，但由于其时迭经"党锢"之祸和多年的战乱，因而大约至魏时始立郑玄《仪礼》博士，至晋元帝时而被简省掉。由此可知，《仪礼》一名大约在魏晋之际方成为今传本《仪礼》17篇的通称。

2. 《仪礼》的内容和结构

"礼"是古代逐渐发展和形成的有关祭天、祀祖、区分尊卑上下和维护宗法制度社会秩序的一套仪节制度和行为规范。这些仪节制度和行为规范是人们在相互交际时用来表达伦理思想和感情意识的一种外在形式。"礼"是儒家政治伦理思想的核心内容。作为儒家六经之一，《仪礼》一书就是记载周代所倡导和施行的有关仪节制度和行为规范的。儒家讲礼，历来强调要"陈其数"而"知其义"。"数"即是指各种礼节和仪式的具体规定，"义"即是指各种礼节和仪式所体现的思想内容。《仪礼》17篇所讲述的内容都是各种社会行为的礼节和仪式，对各种礼的参与人员、器物的使用和仪节程序等都有十分严格而具体的规定和说明。

《仪礼》17篇的具体内容主要可以分为冠、婚、乡、射、朝、聘、丧、祭八类礼节，基本包括了古代的相互交际之礼和行为规范。这是春秋以前"士"以上的贵族们必须学习的必修课。《仪礼》17篇的篇目和具体内容如下：

《士冠礼》，记述士阶层举行冠礼时的陈设、仪式和致辞。古代男子20岁进入成年，冠礼是为20岁的男子加冠命字的成年礼。

《士昏礼》，记述士阶层娶妻成婚的礼节仪式。昏礼共有六项内容，也叫六礼：纳采、问名、纳吉、纳征、请期、亲迎。

《士相见礼》，记载古代士阶层初次相见之礼。

《乡饮酒礼》，记述古代基层行政组织定期举行的酒会仪式。它以敬老为中心，包括祭神、联络同好和演奏祝酒歌舞等活动内容。

《乡射礼》，记述古代基层行政组织定期举行的射箭比赛大会的具体礼节。

《燕礼》，记述古代诸侯与其大臣举行的宴饮之礼。宴会上伴有宫廷艺人的歌舞演奏。

《大射礼》，记述由君王主持的射箭比赛的具体礼节。大射礼的参加者都是各级贵族。

《聘礼》，记述国君派遣使节到其他诸侯国进行友好访问的具体礼节。

《公食大夫礼》，记述国君举行宴会招待外国使臣的礼节。

《觐礼》，记述诸侯朝见天子的礼节。

《丧服》，记述古代人们根据血缘关系的亲疏远近而为死去的亲属穿着不同的丧服并服不同的丧期的制度。本篇是《仪礼》中最重要的一篇。

《士丧礼》和《既夕礼》，这两篇本是一篇，因篇幅较长而分为两篇。这两篇记述士阶层从死到埋葬的一系列仪节。

《士虞礼》，记述士阶层埋葬父母后回家所举行的安魂礼。

《特牲馈食礼》，记述士阶层定期在家庙中以豚（猪）祭祀祖祢的礼节。所谓特牲，就是豚。所谓馈食，就是用食。

《少牢馈食礼》和《有司彻》，本为一篇，因篇幅较大而分为两篇。这两篇记述诸侯至卿大夫定期于家庙中以羊和猪祭祀祖祢的礼节。所谓少牢，就是以羊和猪两牲作为祭品。

从结构上说，《仪礼》各篇的内容又可分为经、传、记三部分。

"经"是《仪礼》各篇的主体部分。"传"则只有《丧服》一篇有，是对经文的解释文字。《丧服传》相传是孔子弟子子夏所作，本来与经文别本单行，后来才与经文合在一起，附经而行。《仪礼》17篇中除《士相见礼》《大射礼》《士丧礼》《少牢馈食礼》和《有司彻》五篇之外，其他12篇均有"记"文。"记"文实际上是附录于"经"文之后的一些不便于插于"经"文之中的解释性、补充性内容。关于"记"文的作者，史无明文。古人多认为"经"是周公或孔子所定，"记"是孔门七十弟子及其后学所记。

3．《仪礼》的传授和《仪礼》学的发展流变

孔子及其弟子采缀宗周遗礼整理编订而成的《礼》，经其弟子和后学者增补整理后代代相传。到秦始皇焚书坑儒时，《仪礼》与其他儒家经典一起经受了一场大劫难。秦王朝灭亡后，汉王朝代之而兴。鲁地的一些儒家学者便逐步恢复传授在秦朝一度被禁绝的《礼》学。但当时《礼》书已残缺不全，只剩下由鲁人高堂生所传下来的《士礼》17篇行于世。

关于《仪礼》一书在西汉初年的传授情况，据《汉书·儒林传》和《汉书·艺文志》记述，鲁人高堂生传授《士礼》17篇给瑕丘人萧奋，萧奋再传授给东海郡人孟卿，孟卿又传授给东海郯县人后仓（苍），后仓传授给沛人闻人通汉、庆普和梁人戴德、戴圣。戴德为戴圣的叔父，当时号为大戴，戴圣号为小戴。当时大戴、小戴和庆普三家之学在汉宣帝时都立于学官，设博士。

到了东汉，大、小戴之《礼》学衰微了，朝廷所立二戴《礼》博士虽相传不绝，但影响不大，只有庆氏《礼》较盛行。

西汉诸家传授《仪礼》均只有师授而无注解。东汉马融只为《仪礼》中的《丧服》一篇作注。到东汉后期，郑玄始为《仪礼》全书作注。由于郑玄是一位兼通今古文家法的经学家，因而他在给《仪礼》作注时，对《仪礼》原文也做了一番整理的工作。他把今古文两种本子拿来互相参校，每逢两个本子文字不同时，他或采今文，或采古文，"取其义长者"而订正经文。经过郑玄杂采今古文并为之作注的《仪礼》，就是今传本《仪礼》。

魏晋时期，王肃也博通古今，遍注群经。但他多与郑玄立异争胜，郑玄注用古文说，他就以今文说攻之；郑玄用今文说，他就以古文说驳之。由于王肃是当时当政的司马氏的姻亲，因而他的《仪礼注》便凭借政治力量被立于学官，超越了郑学的地位。但西晋灭亡后，王肃之学也随之衰微，而郑学逐步复兴。

南北朝时期，南朝通三礼的学者甚众。较著名的三礼学者有何佟之、司马筠、崔灵恩、庾蔚之、皇侃、雷次宗等。由于当时南朝社会重视门阀制度，因而治三礼者，多偏重《仪礼·丧服》。北魏儒学大师徐遵明传其"三礼"之学于李铉等人。李铉撰有《三礼义疏》，李铉又传其学于熊安生等人。北齐黄庆和隋代李孟哲又为《仪礼》作疏。

唐代初年，太宗诏令考定五经文字，撰成《五经定本》。又诏令孔颖达等撰《五经正义》，颁布天下。但当时将《仪礼》排斥于五经之外，而将《礼记》升格于《五经》之中。至高宗永徽年间，太学博士贾公彦始依据郑玄注，并参考北齐黄庆和隋代李孟哲二家之疏撰成《仪礼注疏》。后世通行的《十三经注疏》中的《仪礼注疏》采用的就是郑注贾疏。但在唐代，《仪礼》学始终不太受重视。

北宋神宗时，王安石废罢《仪礼》学官，致使《仪礼》学进入低潮时期。南宋影响较大的《仪礼》学著作，当推李如圭的《仪礼集释》和朱熹及其弟子黄干所撰《仪礼经传通释》。李氏《仪礼集释》全录郑玄之注，又旁征博引进行诠释，多发贾疏所未发。朱、黄二氏《仪礼经传通释》以《仪礼》为经，而取《周礼》《礼记》及其他文献所载有关礼学者附于经文之下，具列郑注贾疏之说，对研治《仪礼》，颇有助益。

元代影响较大的《仪礼》学著作是敖继公的《仪礼集说》。敖氏受宋学影响，以为郑玄注多有瑕疵，因而其书删除了许多他认为郑说之不合于经者，而更为之说。

清代是汉学复兴时期，也是《仪礼》学复兴时期。清代治《仪礼》者甚众，较著名的《仪礼》学著作有如下四部：（1）张尔岐的《仪礼郑注句读》。本书全录郑注，摘取贾疏，参以己意，并定其句读而疏其章节。该书甚为清代学者所称道。（2）胡培翚的《仪礼正义》。本书是清代一部集大成式的《仪礼》学著作。（3）张惠言的《仪礼图》。本书把《仪礼》各篇的仪

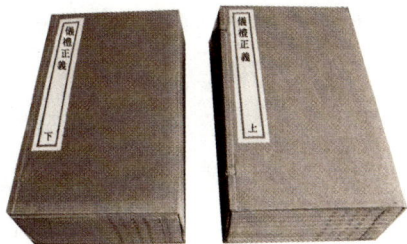

《仪礼正义》书影

节均绘出图画，颇便于学者研习。（4）凌廷堪的《仪礼释例》。本书把《仪礼》的礼例归纳分类为 246 例进行解说，对研治《仪礼》大有裨益。

二、《礼记》

1. 《礼记》的编纂成书

《礼记》，也称《小戴礼记》，是儒家"十三经"之一，是秦汉以前儒家各种礼学文献的选集，是一部有关儒家礼乐文化的资料汇编。共有《曲礼》《檀弓》《王制》《礼运》等 49 篇，其中《中庸》《大学》两篇后来被朱熹列入"四书"。《礼记》反映的基本内容多系先秦古制，亦录有一些孔子言论或其弟子对孔子思想的发挥。《礼记》各篇本来大都是解释《礼经》（《仪礼》）的"记"，或解经所未明，或补经所未备，是附属于《仪礼》的参考资料性质的东西，是《仪礼》的"附庸"。

据说《礼记》一书是由西汉时期的礼学博士戴圣编选。根据《汉书·儒林传》和《后汉书·儒林传》的有关记述，可知汉初鲁高堂生传授《士礼》17 篇给瑕丘人萧奋，萧奋再传授给东海郡人孟卿，孟卿又传授给东海郯县人后仓（苍），后仓传授给沛人闻人通汉、庆普和梁人戴德、戴圣。戴德为戴圣的叔父，当时号为大戴，戴圣号为小戴。当时大戴、小戴和庆普之学的影响较大，号称《仪礼》"三家之学"。三家之学在汉宣帝时都立于学官，设博士。二戴作为立于学官的礼学专家，便根据自己的学术志趣从前世流传下来的众多礼学文献中选编成不同的教本，用以教授学生，于是便有了流传至今的戴德与戴圣所纂辑的两种《礼记》选编本。由于戴德为戴圣的叔父，因而戴德的选编本85篇便被称为《大戴礼记》，戴圣的选编本49篇便被称为《小戴礼记》。又由于《小戴礼记》的学术地位比较高，影响比较大，因而便被后世称为《礼记》。

东汉马融传《礼记》之学，郑玄受业于马融，为《礼记》作注。郑玄《礼记注》问世后，逐渐为世人所重。到了唐代，《礼记》取得了经典的地位，并取代《仪礼》成为"五经"之一，由"附庸"而升为"大国"。

2．《礼记》各篇的作者与写作年代

三礼之中，《仪礼》《周礼》二礼均有较严密、完整的写作体例和理论框架，而《礼记》则是一部资料汇编性质的书籍，其各篇的写作出于众手，没有严密、完整的写作体例和理论框架。《汉书·艺文志》六艺略礼类载"《记》百三十一篇"。班固自注："七十子后学者所记也。"这些《记》都是解说《礼经》之作，传世的《大戴礼记》《小戴礼记》主要就是选自于这些《记》，因而可以推断《礼记》中的大多数篇章可能就是孔子的七十二弟子及其后学的作品。也就是说《礼记》49篇的基本内容形成于先秦时代，是由孔门弟子及其后学传下来的。

关于《礼记》各篇的作者，大多不能确考。古代学者也指出了一些篇章的作者，但其中也有不同的说法。如《史记·孔子世家》说"子思作《中庸》"。《礼记·儒行》郑玄注曰："《儒行》之作，盖孔子自卫初反鲁时也。孔子归至其舍，哀公就而礼馆之，问儒服而遂问儒行，乃始觉焉。言'没世不敢以儒为戏'，当时服。"《隋书·音乐志》引梁人沈约说："《中庸》《表记》《坊记》《缁衣》皆取《子思子》。"《子思子》是孔子之孙孔伋（字子思）的作品集。陆德明《经典释文·序录》曰："《礼记》者，本孔子门徒共撰所闻以为此记，后人通儒各有损益，故《中庸》是子思所作，《缁衣》是公孙尼子所制，郑玄云《月令》是吕不韦所撰，卢植云《王制》是汉时博士所为。"

由于《礼记》各篇的作者不止一人，写作时间也有先有后，而且《礼记》各篇在流传过程中也有所修改或增补，甚至各别篇章中混入了秦汉人增补的一些语句或内容，因而唐宋以后，就有不少学者怀疑《礼记》中有一些伪托之作。朱熹《朱子语录》认为："《仪礼》，礼之根本；而《礼记》乃其枝叶。《礼记》乃秦汉上下诸儒解释《仪礼》之书，又有他说附益于其间。"（卷八四）"《礼记》便不可深信。"（卷八六）现代学者冯友兰《中国哲学史》认为《大学》《祭义》《学记》《中庸》《礼运》等篇阐述的思想，是继承了孟子、荀子的思想，是秦汉人之作。20世纪以来的有些疑古学者甚至断定《礼记》基本上是秦汉人的著作。他们完全忽略了先秦时学术著作编制、流传和增补成书的过程有着特殊的规律，与现代著作的产生有很大的不同。

至20世纪末，随着郭店竹简的出土和《上海博物馆藏战国楚竹书》的问世，证明《中庸》《缁衣》《表记》《坊记》确是子思的作品。从而说明司马迁、沈约等人的说法是有根据的。　　

3. 《礼记》的内容及其分类

《礼记》49 篇，共九万多字。该书内容非常繁复驳杂，篇目编次也不成系统。大致说，该书各篇主要是记载和论述先秦的礼制、礼义，解释《仪礼》，记录孔子和弟子等的问答，记述修身做人的准则等。涉及政治、法律、道德、哲学、历史、祭祀、文艺、日常生活、历法、地理等诸多方面，几乎包罗万象，集中体现了先秦儒家的政治、哲学和伦理思想，是研究先秦社会的重要资料。

《礼记》49 篇，始于《曲礼》，终于《丧服四制》。大致可以根据其内容分类如下：

（1）《曲礼上篇》《曲礼下篇》《内则》《少仪》4 篇的内容大多是有关日常社会生活和家庭生活中言语、饮食、洒扫、应对、进退的礼仪。

（2）《王制》《文王世子》《礼器》《玉藻》《明堂位》5 篇，广泛论述了政治制度、帝王的教育以及各级贵族的衣饰、冠冕、车马、玉饰等各种礼仪制度。

（3）《檀弓上篇》《檀弓下篇》《丧服小记》《大传》《杂记上篇》《杂记下篇》《丧大记》《奔丧》《问丧》《服问》《间传》《三年问》和《丧服四制》共 13 篇大都是讨论丧礼与丧服制度的内容。

（4）《郊特牲》《祭法》《祭义》《祭统》4 篇是有关吉礼的篇目，较为全面地记述了祭祀的方法、对象、场所、原则及有关的祭祀制度、立社制度以及祭祀的意义。

（5）《礼运》《哀公问》《仲尼燕居》《孔子闲居》和《曾子问》5篇，通过孔子与鲁哀公及孔门弟子的问答之辞，从不同角度阐述了孔子的政治思想和礼学思想。

（6）《大学》《中庸》《坊记》《表记》《缁衣》和《儒行》这一组6篇文章集中论述了儒家的人生哲学和伦理思想，探讨了儒家修身、齐家、治国、平天下的道德观和修养原则。

（7）《冠义》《昏（婚）义》《乡饮酒义》《射义》《燕义》《聘义》6篇是专门诠释、申论《仪礼》有关篇章的著述。《冠义》是注释《仪礼·士冠礼》的篇章，《昏义》是注释《仪礼·士昏礼》的篇章；《乡饮酒义》是注释《仪礼·乡饮酒礼》的篇章；《射义》是专释射礼之义的篇章，可以看作是申论《仪礼·乡射礼》和《仪礼·大射》的篇章；《燕义》是注释《仪礼·燕礼》的篇章；《聘义》是注释《仪礼·聘礼》的篇章。

（8）《月令》是一篇论述时令与政治的著述，逐月记载了每月的天象特征和天子相应的居处、车马、衣服、饮食及应当施行的政令等。

（9）《学记》《乐记》《经解》是3篇专论学术的篇章。《学记》是一篇教育学专著；《乐记》是当今传世的先秦儒家唯一一篇关于乐论的经典专著；《经解》主要论述儒家经典《诗》《书》《礼》《乐》《易》《春秋》对社会的教化功能。

（10）《深衣》与《投壶》是2篇专论性质的文字。《深衣》专记深衣的制度、意义和用途；《投壶》专记投壶礼（古代一种游戏）。

4．《礼记》学的发展和演变

前已述及，《礼记》49 篇大多是孔门弟子及其后学所修撰的文献。在先秦和汉初，它们大多是以单篇的形式流传，也没有固定的篇名。在流传过程中经过多次加工、润色。又因先秦两汉时期文献的流传主要是靠传抄，所以，每篇文献在流传中，就有很多不同的版本，文字亦有差异。《礼记》各篇的流传也是这样。

西汉中后期，礼学博士戴圣（汉朝礼学大师后仓的弟子）从当时社会上流传的数百篇礼学文献中选编成《小戴礼记》49篇。据《后汉书·马融传》记载，东汉经学大师马融所注书中有《三礼》。可见马融不仅传授过《礼记》，而且曾为其作注。据《后汉书·卢植传》记载，马融的学生卢植曾作《三礼解诂》，可见卢植也曾为《礼记》作注。

东汉末年，郑玄遍注群经，作《三礼注》，对当时流传的《礼记》诸本相互参校，并为之作注。郑玄的经学虽以古文经学为主，却兼采今文经说。他的《礼记注》，摒除门户之见，博综兼采，择善而从，行文简明晓畅，要言不烦，又多真知灼见，从而使《礼记》大行于世。值得注意的是，《礼记》在汉代本是附属于《仪礼》的一部资料汇编，但自郑玄作注后，《礼记》的地位大幅度提升，到东汉末年，即与《仪礼》《周礼》鼎足而三，蔚为显学。至曹魏时又第一次被立于学官，设博士。

魏晋之际，博通古今的经学大家王肃也遍注群经，在经注中处心积虑地与郑玄立异，意欲超越郑玄学。由于王肃是司马氏的姻亲，因而他的《礼记注》便凭借司马氏的政治势力而"列于学官"（《三国志·王肃传》）。于是在曹魏末年和西晋时期王学盛而郑学衰。至东晋时期，王学博士俱废，而郑学复兴，郑玄所注《礼记》与其他几经复立于学官。

南北朝时期，虽然国家分裂，经学也分为"南学""北学"，但在三礼学方面却"同遵于郑氏"（《隋书·儒林传·序》）。南朝治三礼学者甚众，较著名的有何佟之、严植之、崔灵恩、孔金、皇侃等。南朝社会特重门阀，故甚重《仪礼》之学，而对《礼记》和《周礼》之学不甚重视。北朝诸经传授，多出北魏大儒徐遵明之门。徐遵明的三礼学传李铉等人，李铉又传熊安生等人，熊安生又传孙灵晖、郭仲坚、丁恃德等人。值得注意的是北朝经学特别重视《礼记》，正如《北史·儒林传·序》所说："诸儒尽通《小戴礼》，于《周礼》《仪礼》兼通者，十二三焉。"南北朝时期较著名的《礼记》学著作有宋庚蔚之的《礼记略解》、梁何胤的《礼记隐义》、梁皇侃的《礼记义疏》、北魏刘芳的《礼记义证》、后周沈重的《礼记义疏》、后周熊安生的《礼记义疏》等。

唐朝初年，太宗以魏晋以来，儒家典籍散佚，文理乖错，且师说多门，章句杂乱，为维护全国政治统一的需要，便诏令国子祭酒孔颖达与诸儒撰定《五经义疏》，以统一经说。到高宗永徽年间又诏令诸儒考订、修改后，以《五经正义》之名颁布天下。《五经正义》包括《周易正义》《尚书正义》《毛诗正义》《春秋正义》和《礼记正义》。《礼记》第一次以朝廷的名义被升格为"五经"之一，取代了《仪礼》在五经中的地位。《礼记正义》为孔颖达等人所作，采用郑玄注，基本坚守"疏不破注"的原则，整合南朝皇侃《礼记义疏》和北朝熊安生《礼记义疏》，作出新的《礼记义疏》。孔颖达等人所作《礼记义疏》迄今仍是较权威、较常用的《礼记》注本。

当时三礼中列入"五经"的是《礼记》。由此可见当时特重《礼记》，而《周礼》《仪礼》不受重视。

宋代学者治经多不信汉唐传注，进而至于疑经、改经。《礼记》学在宋代发生了重大的变异。如对于《礼记》的《大学》篇，先有"二程"（程颢、程颐）"次其简编"，调整经文次序，后来朱熹"因程子所定，更考经文，别为次序"（《四书章句集注·大学章句》）。朱熹不仅调整《礼记》经文的次序，而且特别重视《礼记》的《大学》《中庸》两篇，将它们抽出来与《论语》《孟子》二书并行，合称为"四书"，这是《礼记》学史上的大事。影响所及，元代规定把朱熹《四书章句集注》作为科举考试的标准用书，元明时期甚至有学者不把此两篇作为《礼记》篇目，如：元人陈澔《礼记集说》即置此两篇而不释，遂使《礼记》49 篇变成 47 篇。

宋元时期曾出现过两部著名的《礼记集说》，都是学术史上具有重大影响的《礼记》学著作，一是南宋卫湜《礼记集说》160 卷，二是元代陈澔《礼记集说》16 卷。卫湜《礼记集说》卷帙浩繁，采录了汉代郑玄《礼记注》以下各家解说达 144 家，在保存古代礼学文献方面具有很高的价值。陈澔《礼记集说》16 卷，是元明时期最有影响的《礼记》学著作。本书的特点是简明浅显，颇便于初学。

清代学者多崇尚汉学，反对空言说经的宋学。乾隆十三年，钦定《三礼义疏》，其中的《礼记义疏》即兼采汉、宋，第一次以朝廷的名义，打破了元明以来宋学对礼学的垄断。但是清代乾嘉学派重考据、讲实证，因而对多讲"礼义"的《礼记》的研究不及对《仪礼》《周礼》的研究为盛。清代学者孙希旦所作的《礼记集解》和朱彬所作的《礼记训纂》虽也算水平较高的《礼记》学著作，但远不及孙诒让《周礼正义》和胡培翚《仪礼正义》之精审详赡。

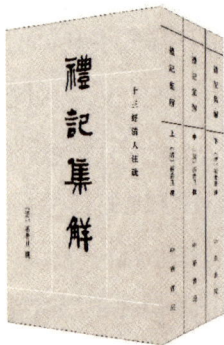

孙希旦《礼记集解》书影

三、《周礼》

1. 《周礼》题解

《周礼》原名《周官》，又名《周官经》或《礼经》。本书是一部记述王室职官制度的著作，通过记述三百多种职官的职掌来阐述对社会政治制度的设想。

《周礼》一书不见于先秦人称引，始见于司马迁的《史记》。《史记·鲁周公世家》："成王在丰，天下已安，周之官政未次序，于是周公作《周官》，官别其宜。"《史记》中所谓的"《周官》"就是《周礼》一书的原名。

至王莽当政时,接受刘歆的建议,将《周官》改称为《周礼》,并设置了博士。《周礼》一书的学术地位大幅度提高。

2．《周礼》的发现

三礼之中,《周礼》一书出现最晚。该书不见于先秦典籍的记载,说明在先秦未传世。

据班固《汉书·河间献王传》记载,《周礼》(《周官》)一书是汉河间献王刘德得之于民间的。刘德爱好古书,从民间搜求到好书后,便留下真本,而找擅书法者抄录一副本还给献书者,并以重金赏赐给献书者,因而吸引了许多人前来献书,于是便获得了许多古文先秦旧书,其中《周礼》这部"先秦旧书"就是通过这一途径搜求到的。

3．《周礼》的作者和成书年代

关于《周礼》的作者和成书年代,历来异说纷纭。其中影响较大的主要有如下几种说法:

(1)周公所作说。此说始于汉代古文学派的著名学者刘歆,后来郑玄也力主此说。

(2)战国学者所作说。首倡此说的是东汉的今文学派学者林孝存、何休。

(3)刘歆伪造说。此说由宋人开其端。宋代胡安国、胡宏、洪迈，清末的廖平，近代的康有为、钱玄同等均主此说。

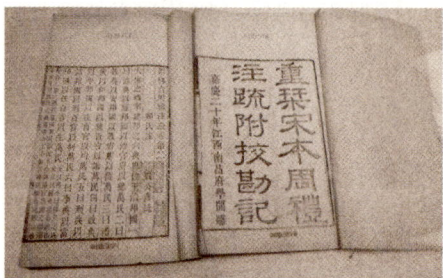

清嘉庆重刊宋本
《周礼》书影

（4）东周人所作说。现代训诂学家洪诚先生曾根据《周礼》中的语言运用情况论证《周礼》的成书年代。他在《读〈周礼正义〉》一书中指出："从语法看，文献中，凡春秋以前之文，十数与零数之间，皆用'有'字连之，战国中期之文即不用。《尚书》《春秋经》《论语》《仪礼》经文、《易·系辞传》皆必用。《穆天子传》以用为常。《王制》《庄子》不定。《左传》《国语》以不用为常。《山海经》中之《五藏山经》不用。《孟子》除论述与《尚书》有关之事外，亦不用。《周礼》之经记全部用，此种语法与《尚书》《春秋经》同，故非战国时人之作。"其结论是：《周礼》成书最晚不在东周惠王（公元前676年—公元前652年在位）后。现代历史学家金景芳先生在《经书浅谈》一书中肯定"《周礼》六官所记，基本上是西周历史条件下的各种现实的政治制度"的同时，通过对《周礼》封国之制与《孟子》《王制》《左传》《国语》之说不合的考察，认为："《周礼》一书是东迁后某氏所作。作者得见西周王室档案，故讲古制极为纤细具体，但其中也增入了作者自己的设想。例如封国之制、畿服之制一类的东西，就是作者自己设想所制定的方案。"

（5）春秋人所作说。刘起釪先生在《古史续辨》一书中认为：
"《周礼》成书有一个发展过程。第一步只是一部官制汇编，
至迟成于东周春秋时代，它依据的是自西周以来逐渐完备的周、
鲁、卫、郑四国的姬周系统的官制，初步记录了一些官职的职掌，
后来逐渐详细补充，写成了各官职的职文，除主要保存了春秋
以上资料外，还录进了不少战国数据，所以全书的补充写定当
在战国时期。到汉代整理图书时，又有少数汉代资料掺进去了，
但不影响这部书原是周代的旧籍。"

（6）周秦之际儒者所作说。此说由清初著名学者毛奇龄
最先提出。他认为"此书系周末秦初儒者所作"。（《经问》卷二）
梁启超等人赞同其说。

（7）汉初人所作说。此说由当代学者彭林先生提出。他在
《〈周礼〉主体思想与成书年代》一书中说："《周礼》一书
的作者当是与贾谊同时代的人。"

以上诸说中，"周公所作说"与"刘歆伪造说"最不可信。
不仅《周礼》中没有一处提到周公以及此书与周公的关系，而
且先秦其他典籍中亦皆不见有关周公作《周礼》的记载。因而
"周公所作说"实在难以自圆其说。至于"刘歆伪造说"就更是
破绽百出。前已述及，《史记》中不仅记载了《周官》的书名，
而且引用了该书的片断内容。此外，清初学者毛奇龄在《经问》
卷二中指出在刘歆之前的其他一些书籍中还有一些援引《周礼》
的情况，这说明在刘歆之前，《周礼》一书就已存在了。

上述各家诸说中，洪诚、金景芳、刘起釪三位先生的说法
较为合理。也就是说"东周——春秋人所作说"更为可信。《周

礼》成书年代的上限当在平王东迁之后，下限当在战国之前。不过我们认为该书作者可能借鉴了周公当年制礼作乐时所制定的一些典章制度，参以自己的设想，根据东周初期的社会实际，编制出这样体例严整、结构完备的职官制度。

4. 《周礼》的基本内容

《周礼》一书内容繁复，体例完备，结构严密，可谓体大思精。全书原来分为《天官冢宰》《地官司徒》《春官宗伯》《夏官司马》《秋官司寇》《冬官司空》6篇。汉时《冬官司空》篇已亡，由于冬官司空主要掌管工程营造，所以汉儒取记载先秦手工业技术的著作《考工记》补之。今本《周礼》，除冬官全亡外，还缺地官司禄、夏官军司马、舆司马、行司马、掌疆、司甲、秋官掌察、掌货贿、都则、都士、家士诸职。

《周礼》一书的体例非常严整，每一官均冠以"叙官"一节，以总括设立此官的意义、介绍此官的职掌等。对于各种官职，均是先叙其官名、爵等、员数，然后再分叙其职掌。

天官之长冢宰为六卿之首，百官之长。天官主要职掌天下政务兼管财政和宫廷事务，辅佐王统治天下。天官系统共有63种职官。

地官之长大司徒，职掌邦教、土地、赋税等。地官系统共有78种职官。

春官之长大宗伯，职掌邦礼，主管宗庙祭祀等。春官系统共有70种职官。

夏官之长大司马，职掌军政，统领军队。夏官系统共有 69
种职官。

秋官之长大司寇，职掌刑典，负责狱讼刑罚等司法政务。
秋官系统共有 66 种职官。

补冬官之缺的《考工记》在体例上与上述五官大不相同。《考
工记》在总叙各项工艺、职务后，分述 31 种工匠职务，凡攻木
之工七，攻金之工六，攻皮之工五，设色之工五，刮摩之工五，
搏埴之工二，并详述各种工艺品的制作工艺。

5. 《周礼》的传世和《周礼》学的发展流变

《周礼》一书在汉初被河间献王得于民间并献于朝廷后，并
未得到朝廷的重视，而是被藏于秘府，束之高阁，当时几乎无人
研究和传授该书。至成帝时，刘向、刘歆父子受命校理朝廷秘府
图书，发现了《周礼》。刘向将其著录于《别录》。刘向卒后，刘
歆在《别录》的基础上撰成《七略》奏上朝廷。哀帝时刘歆争立
《左氏春秋》《毛诗》及《古文尚书》博士，遭到今文博士反对，
于是刘歆作《移让太常博士书》批评之。但当时刘歆奏请立古文
经博士，并不包括《周礼》，其《移让太常博士书》中亦未言及《周
礼》，可见当时刘歆对该书也不是很重视。王莽当政时，《周礼》
始得到朝廷的重视，不仅被改称为"经"，而且设置了博士。

不久之后，随着新莽王朝的垮台和东汉王朝的建立，王莽
所立的包括《周礼》在内的诸古文经博士自然也都被废弃了。
新莽时刘歆《周礼》学弟子甚众，然大都因战乱、疫疾和灾荒

而死丧，只有河南缑氏杜子春劫后余生，生存下来。杜子春是汉代《周礼》学传承的关键人物。东汉永平初年，年将九十的杜子春传其学于郑众、贾逵，郑、贾二人皆作有《周礼解诂》。后来通儒马融综合郑众、贾逵之学作《周官传》并传授给郑玄。郑玄据以作《周官注》。郑玄博通今古文之学而又遍注三礼，并特别重视《周礼》，他第一次把《周礼》排列在三礼之首，大大提高了《周礼》的地位。

汉魏之际，战乱频仍，经学衰微，但郑玄之经学独盛。曹魏前期所立十九博士，除《春秋公羊传》《春秋穀梁传》《论语》三经外，《周礼》与其他诸经所立博士皆为郑氏之学。但到曹魏后期，博通今古的经学大师王肃亦遍注群经，其所作《周官礼注》刻意与郑学立异争胜，图谋取代郑学在经学领域中的统治地位。当时王肃党于司马氏集团，其女又嫁给了司马懿之子司马昭，因而凭借司马氏集团的政治势力，使其所注《周官礼注》与其他诸经之注"皆立于学官"。但西晋灭亡后，王学博士俱废。东晋初年所立九博士，除《周易》用王弼注、《古文尚书》用孔传，《左传》用杜预、服虔注外，其他"六经"（《周礼》《礼记》《尚书》《毛诗》《论语》《孝经》）则全部复用郑玄注。

南北朝时期，国家在政治上分裂为南北二朝，在学术上也分为"南学""北学"。"南学"中三礼之学较为发达，出现了崔灵恩、孔佥、皇侃等许多礼学名家、学者。但由于南朝社会特重门阀，故甚重《仪礼》之学，而《周礼》之学不甚为人所重。北朝重视《周礼》远胜于南朝，尤其是西魏宇文泰当政时按照《周礼》的职官模式进行改制，建立了六官制度。其子建立北周后，继续沿用六官制度。因而北朝后期兴起一股《周礼》热。北朝在礼学领域建树较大的学者当首推熊安生。据《周书·熊安生传》记载，熊氏曾师事北朝大儒徐遵明，并曾师从房虬研习，撰有《周礼义疏》20卷。

唐朝初年，太宗诏颜师古考订《五经》文字，又诏国子祭酒孔颖达与诸儒撰定《五经正义》，颁布天下。当时三礼中列入"五经"的是《礼记》。由此可见当时特重《礼记》，而《周礼》《仪礼》不受重视。高宗永徽年间，太学博士贾公彦撰《周礼注疏》50卷。据《旧唐书·儒学传》记载，贾公彦的礼学受之于张士衡，而张士衡则受之于北朝的刘轨思、熊安生及刘焯等人。贾氏的《周礼义疏》有很高的学术价值。朱熹曾高度评价此书，认为唐人所作诸经注疏，贾氏所作《周礼注疏》最好。

宋代疑经改经之风大盛，故宋人《周礼》学著作多废弃汉唐传注旧说，以求新求异为务。北宋时王安石在宋神宗的支持下利用《周礼》进行变法，并撰《周礼新义》22卷颁于学官，作为科考取士的标准，故王氏的《周礼》学在当时影响很大。然而，一方面出于反对王安石变法的政治目的，一方面受疑经思潮的影响，宋代许多学者认为《周礼》不可信，甚至径谓之为伪书。此后元明时期的《周礼》学基本上都处于宋学的笼罩之下，无甚可观。

至清代，学风逐步由空疏的宋学转向朴实的汉学，三礼之学也呈现出空前繁盛的局面，有关著述不胜枚举。其中最为著名的《周礼》学著述是孙诒让的《周礼正义》，该书博采汉唐以来迄明清诸家之说，疏通证明，详加考辨，持论通达，折衷至当，诚为《周礼》学的集大成之作。

和谐共存之道

儒家文化大众读本

儒家礼乐文化的教化功能——礼乐文化与修身、齐家、治国、平天下

修身、齐家、治国、平天下的思想出自《礼记·大学》，是儒家政治思想的核心价值观念。儒家强调个人道德修养与治国、平天下的一致性，主张以"修身"为中心，由近及远，由己及人，以此来逐步实现齐家、治国、平天下的理想境界。礼乐文化的主要社会功能是教化人心，通过礼乐的实践来培养人们内心的道德情操，进而移风易俗，从而维持国家统治秩序的稳定与和谐。儒家所倡导的礼乐文化的宗旨，就是通过教化，让社会成员在"修身"的基础上，遵守各种礼仪规范，进而实现齐家、治国、平天下的政治主张。不言而喻，《礼记·大学》所倡导的修、齐、治、平的政治理想是礼乐文化教化功能的主要体现。具体来说，礼乐文化与修、齐、治、平的关系有以下几个方面的表现。

一、礼乐教化是"修身"的重要方法

通过礼乐的练习与熏陶以达到修身的目的，是礼乐文化教化功能的主要体现，是实现修、齐、治、平的重要途径。孔子非常注重礼乐的修身作用，《论语·宪问》记载，子路问孔子，什么样的人才是完美的人？孔子在回答时，提到了臧武仲、公

绰、卞庄子三位鲁国的大夫以及自己的学生冉求。臧武仲的智慧，公绰的没有私欲，卞庄子的勇敢，冉求的学问，都是最为出色的。孔子说，要成为完美的人，仅仅把这四个人的优点集于一身是不够的，还要"文之以礼乐"，将礼乐与上述四种优点完美结合。由此我们可以看出礼乐对于修身的重要性。

那么礼乐文化是如何起到修身作用的呢？关于这一点，礼书中有大量的记载，历代学者也有过很多的论述。我们知道，礼乐文化体系非常庞大，包括理论形态、典章制度、行为规范以及修身养性等内容。但就其基本特征来说，礼主敬，乐主和。《礼记·曲礼》篇首一句"毋不敬"，点明了礼的基本特征，《左传·僖公十一年》上说："敬，礼之舆也。不敬则礼不行……"可见，恭敬作为礼的基本特征，是先秦时期人们所公认的基本准则。恭敬也是修身的重要原则，如何做到敬，儒家给出的方案正是对于礼的学习与履行。

礼的内容涉及人们日常生活的方方面面，从天子诸侯，到大夫、士阶层，都要严格地遵循礼制作为行动的准则，从国家的祭祀大典到个人的饮食、言语等方面都有十分严格而细微的规定，因而礼具有很强的实践性。《礼记·礼器》有"经礼三百，曲礼三千"之说，所谓的"曲礼"指的是礼文中细微曲折的内容，主要是对日常生活中的仪节格式的规范，尤其在言语、饮食、洒扫、应对、进退之法这些生活琐事中有着严格的规定。这些规定的基本特征就是恭敬，这些规定将礼贯穿于日常生活与身体力行之中，通过对这些礼节的学习与履行，人们自然地形成时时、事事保持恭敬之心的品格。在这种品格影响之下，凡事都要敬慎对待，人们以认真诚恳的态度来处理面临的每一件事，努力做到最好并合乎礼的要求。这样也就自然达到了修身的目的。

礼、乐往往合称，是因为乐和礼常常是相配而行的。礼从外规范人们的行为以达到修身的目的；而乐则从内调节人们内心的情感，通过感动人心来达到内心的和静。《礼记·乐记》中说先王制乐"本之情性，稽之度数，制之礼义，合生气之和，道五常之行……使亲疏贵贱长幼男女之理，皆形见于乐。"说明先王制乐的本意在于调节人的感情，人感情中的哀悲之情，可以通过音乐得以宣泄，不良情绪可以趋于平和；有了乐的调节，人们不会心惑智乱，做出有违礼义的事来，以此来实现修身养性。《礼记·乐记》中还总结出乐所具有和谐秩序的教化功用，"乐在宗庙之中，君臣上下同听之则莫不和敬；在族长乡里之中，长幼同听之则莫不和顺；在闺门之内，父子兄弟同听之则莫不和亲。故乐者，审一以定和，比物以饰节，节奏合以成文，所以合和父子君臣，附亲万民也，是先王立乐之方也。"乐与礼密切配合又相互辅助，在调节人心的同时和谐各种关系，既达到了修身的效果，又有着和谐秩序的作用。

二、礼乐文化是维系"家"与"国"正常运转与发展的各种规范

礼乐文化中许多具体的典章制度以及治国理论都是治国平天下所依据和遵奉的准则，是家、国运转发展不可或缺的各种规范。这是礼乐文化与修、齐、治、平关系的第二个方面，是礼乐

文化教化功能的重要体现，也是最为直接的表现。在礼乐文化的内容体系中，具体的典章制度与行为规范是其主体部分，这些具体的制度规范涉及社会生活的各个方面。从治国的根本制度到家族内部关系的处理；从祭祀天地祖先的大典，到个人的婚丧礼仪，从邦国间交往的礼仪，到普通民众之间的交际来往都有一套完备的礼仪规范，正是这些无处不在的各种规范维系着"家"与"国"的正常运转与发展。《礼记·曲礼》中说："道德仁义，非礼不成；教训正俗，非礼不备；纷争辨讼，非礼不决；君臣上下，父子兄弟，非礼不定；宦学事师，非礼不亲；班朝治军，莅官行法，非礼威严不行；祷祠祭祀，供给鬼神，非礼不诚不庄。是以君子恭、敬、撙、节、退、让以明礼。"这段话充分说明了礼在古代社会生活各个方面所起到的维护秩序的重要作用，也表明礼的范畴非常广泛。我们在这里不能全面地叙述古代的礼仪规范，只从制度之礼、人生礼仪、典礼仪式这三个比较有代表性的方面对礼乐文化中这些具体规范做些简单的举例介绍。

所谓制度之礼主要指礼乐文化中各种具体的典章制度，通过一系列的制度规定来彰显和维护尊卑有序的等级制度。例如从天子、诸侯到大夫、士阶层，他们之间有着森严的等级差别，从日常生活中的饮食、衣服、车马、宫室以至于到死后的墓葬规格等各方面都有着严格的制度规定。这些规定非常繁琐，例如不同阶层、不同场合饮食的种类、数量、规格以及使用的器皿都有严格的规定；衣服的制度则更为繁复，不仅限定各阶层衣服的材料样式，而且衣服的颜色、花纹和图案都有特殊的规定；同样，车马、宫室以及墓葬等方面也都有一整套复杂而又繁琐的规定。然而所有这些规定其基本原则都是为了维护封建的等级制度，通过尽可能详尽的礼制规定来明确各阶层之间不可僭越的上下等级关系，通过礼的外在约束来维系家、国的统治秩序。

除了外在的约束，许多礼制的规定更直接关系到家、国的内部运转与发展，是统治者治国治家的根本法则。而这其中最为重要的莫过于宗法制度。宗法是以家族为中心、根据血统远近区分嫡庶亲疏的一种等级制度。宗法制度既是处理家族内部关系的根本法则，又是维护封建等级制度的基本制度，在西周时期宗法制度与分封制度内外结合，相辅相成，成为维护封建统治的两大基本制度。

有关宗法制度的记载主要见于《礼记》之《大传》和《丧服小记》两篇。宗法制的关键内容是严嫡庶之辨，实行嫡长子继承制。按照周代嫡长子继承的原则，只有天子与诸侯的嫡长子才能被确立为世子，有继承王位或君位的权利。而其余诸王子与诸公子无权继承王位或君位，只能以别子的身份另立新宗，以与君统相分离。在宗统内部，也只有宗子的嫡长子才有"传重"、继承宗统的权利。宗法制度可以说是构建整个封建等级制度的内在依据，并且宗法思想贯穿于社会生活的各个方面，其中尤以丧服制度最具代表性。丧服是居丧的衣服制度，出自《仪礼》，其主要内容从表面上看只是根据生者和死者亲属关系有亲疏远近的不同，规定丧服和居丧的期限，实际上丧服制度是以宗法思想为核心的。在丧服规定中充分体现了对嫡长子的特别尊崇，并且明显地表现了血统亲疏的等级关系。丧服分为五个等级，叫作五服。五服的名称是斩衰、齐衰、大功、小功、缌麻。斩衰是五服中最重的一种，缌麻是五服中最轻的一种。根据亲疏关系的远近不同穿相应的丧服，通过血统亲疏关系来确立服制的原则正是宗法等级思想的体现。此外，根据礼经记载，父为众子服齐衰而为嫡长子则需服最隆重的丧服——斩衰，突出地表现了嫡长子特别尊崇的地位，这也是与宗法制度的核心——嫡长子继承制相一致的。这种制度通过对嫡长子尊贵地位特别强调，避免了众子对嫡长子继承权利的侵犯，消除了财产、权位继承上的争夺问题，从而维护了家族以及国家统治秩序的稳定。

通过上述分析可以看出，制度之礼更多的是从宏观上对家、国秩序的关注与维护，通过各种具体的典章制度来规定和约束社会各阶层之间的权利与义务。而接下来要谈到的人生礼仪则更加关注的是社会中的个体，通过一系列的礼乐制度来对个体人生的每一个重要阶段或者说关键时刻做出引导与规范，通过这一方式来达到教化万民之用。这些礼仪主要记载于《仪礼》中。《仪礼》的具体内容可以分为冠、婚、乡、射、朝、聘、丧、祭八类礼节，基本包括了古代的相互交际之礼和行为规范。这是春秋以前"士"以上的贵族们的必修课。其中冠、婚、丧、祭等礼节属于基本的人生礼仪，是古代士人成长过程中必然要经历的重要时刻。

冠、婚、丧、祭等礼节见证了人生的重要时刻，在这些繁复的礼节仪式中，虽然有许多古人迷信的内容，还有许多体现宗法等级观念的思想，但是在这些礼节的实施中，也充分体现了古人对生命的尊重与敬畏，体现出他们对人生意义的积极思考。在人生的每一个关键的转折点，他们通过这种隆重而恭谨的方式实施固定的礼仪来完成人生的转折。另一方面，每一次行礼，都不单单是个人行为，而是所有的亲族好友共同参与的盛大典礼。这种种礼节的实施不仅表达了对人生的祝福与引导，也起到了联络宗族成员感情的作用，这些礼仪制度正是维系家族关系的润滑剂。除了以家族为单位的礼仪形式之外，更为广泛的礼仪实践则是在乡射礼与乡饮酒礼这样的场合之中，这也是人们生活中所必不可少的人际交往场合。它们是基层行政组织定期举行的盛大仪式。它们有着特定的主题，同时又都是观察道德以选拔人才的重要方法，是盛大的道德观摩大会。人们在行礼过程中的行为是否规范，步伐是否合乎音乐的节拍，仪态表情是否恰当，言语是否得体等都备受关注。这些也成为判断一个人的道德修养水平和选拔人才的重要依据，因为只有保持着恭敬之心，才可能做到言行举止都合于礼节，并且能够成为人们的典范。所有的这些礼仪规范既关系到个人道德的培养，又影响到整个民风民俗，是家国运转必不可少的重要规范。

典礼仪式，主要是指各种象征性的重大典礼，如祭祀、朝觐等重要场合。春秋时人说："国之大事，唯祀与戎。"意思是说一个国家最重要的事情就是祭祀与打仗。祀（指国家最高统治者所实行的祭祀仪式）就是对祖先以及天地神灵的各种祭祀典礼。通过祭祀一方面显示尊祖敬宗，加强宗族之间以及国家内部的凝聚力，另一方面天子诸侯等统治者所享有的特有祭祀权更加突出了最高统治者特殊的尊贵地位，确立了统治者的威严并有利于统治秩序的稳固。在这些重大的场合之中，正如《礼记·曲礼》中所说的那样："班朝治军，莅官行法，非礼威严不行；祷祠祭祀，供给鬼神，非礼不诚不庄。"都需要有相应的礼乐制度来维持秩序和烘托气氛，营造出或庄严肃穆或神秘幽远的氛围，在这样的氛围之中才能收到应有的效果。

三、礼乐文化中的秩序、和谐观念，对于移风易俗、治国、平天下的重要作用

人们常用"礼坏乐崩"来形容春秋时期社会秩序混乱的状况。孔子对当时这种社会秩序失范的状况非常担忧，因而他一生都以恢复周代的礼乐制度、形成有序的社会为职志。在孔子看来，如果能够普遍地实行礼乐教化，那么国家将会恢复秩序。春秋时，孔子的弟子子游任武城邑宰，实施礼乐之教，学习的人很多。孔子到武城，听到弦歌之声，一时高兴，便先是说了"割鸡焉用牛刀"这句戏言，然后又对子游施行礼乐之教大加肯定。孔子十分重视礼乐的治国功能，对于鲁国贵族中存在的越礼行为，孔子非常不满，他曾批判季氏"八佾舞于庭，是可忍，孰不可忍也！"孔子还说如果能够真正明白郊社禘尝之礼义，那么治国平天下就如置诸掌中那么容易了。孔子所说的这个礼义，其实正是指的礼乐文化中所包含的治国之道。

礼乐文化中所蕴含的治国之道，就是通过调节天地与人之间、人与人之间的各种关系，使之达到尽可能和谐的境地，从而使由不同阶级、不同阶层组成的社会能够和平地发展。

儒家礼乐文化中有着十分突出的秩序观念。这种观念主要表现为等级、主次、尊卑等观念。在礼乐文化中，一切的礼节仪式，都有明确的等级划分，什么身份的人能够实行什么样的礼节都有具体的规范，不可僭越。季氏"八佾舞于庭"显然是超越了自己身份的越礼之举，因而遭到孔子痛斥。而在各种礼仪中，又有尊卑主次之分，处处体现着严格的等级制度。如果个人不循规范或者说是不守秩序便会被视为非礼或违礼之行，会受到社会的谴责与非议。同样，与礼相配而行的乐也处处体现出浓厚的秩序观念。从乐理来看，古人用 12 个长度不同并且有一定比例的律管，吹出 12 个高度不同的标准音，以确定乐音的高低，这 12 个标准音就叫作"十二律"。音有了高低、长短、强弱的不同，也可以说有了一定的秩序规范，才可能共同组成优美动听的旋律。从乐的具体演奏情况来看，也有着严格的秩序规定。《仪礼·乡饮酒礼》等篇章中便记述了在乡饮酒礼中演奏乐的详细过程和规定。根据不同的乐器演奏方式，乐分堂上之乐与堂下之乐，琴、瑟、笙、管、钟、鼓等乐器与乐工各居其位，各司其职，通过主次先后的配合来共同完成乐曲的演奏。正是在这严格的秩序规范下，礼乐文化营造出一种和谐融洽的氛围，在这样的礼乐文化氛围中，人们之间的感情和关系便会自然得到调整从而达到和睦相处。

礼乐文化中除了突出的秩序观念之外，还表现出一种集体协作的精神。所有的礼乐实施都需要人们之间的合作与互动，没有哪一种礼是单方面的个人行为的规定。礼往往由多人协同完成的，即使是作为个人日常行为规范礼仪的规定，也是通过约束个人的行为来达到与他人交往的目的，因而礼更多的是一种社会行为。同样，乐的实施也需要各种不同乐工之间的密切配合来共同完成。也正因为这样，礼乐文化的实施加强了人与人之间的交流与沟通，并有助于实现社会的和谐。礼乐文化中所包含的秩序、交往、和谐原理，对于移风易俗、治国平天下有着重要作用。

作为一种政治文明，礼乐文化是一个具有内在生命的文化机体。分而论之，它包括"礼"和"乐"两个方面。如果说礼之功能在于外在的行为规范的建立，那么，乐之作用则在于内在精神秩序的培育。礼与乐相辅相成，规范人们的行为，陶冶人们的情操，从而达到移风易俗，实现稳定社会秩序的目的。所以《礼记·乐记》说："礼乐政刑，其极一也。""乐行而伦清，耳目聪明，血气和平，移风易俗，天下皆宁。"《孝经·广要道章》也说："移风易俗，莫善于乐。"可见"乐"在礼乐文化中虽然并非居于主导地位，但对于移风易俗、促进社会和谐安定方面有着非常重要的文化价值。

礼乐文化的价值取向就是通过移风易俗的教化，使社会成员走出动物性的欲望世界，进化到符合儒家核心价值观念"礼""仁"的精神世界。当然，在古代社会，儒家礼乐文化不可避免地成为统治者维护其等级制度的工具，其中不乏许多今天看来过于繁琐迂腐的教条和一些消极过时的内容，这无疑是我们应该加以正视和批判的。但另一方面，我们也应当充分认识到其中更包含着许多积极的、有价值的内容，不能因为它曾经是我国古代专制社会统治的思想工具而将其一概否定。事实上，礼乐文化的许多精神内涵具有超时代、超阶级的普适价值。比如礼乐文化所具有的强大的道德教化功能，直到今天对我们进行精神文明建设依然有着重要的社会现实意义。礼乐文化之所以具有道德教化之功用，是因为它是以仁德为根本的，而仁德的最根本特征就是"博爱"，就是要求和倡导社会各阶层的人都应最大限度地互相关心，互相爱护。毫无疑问，仁德是人类社会健康和谐发展的根本基础。孔子在《论语·八佾》篇中说："人而不仁，如礼何？人而不仁，如乐何？"这就说明礼乐制度都是以仁为根本的，没有仁作为基础，任何的礼乐都是没有价值的。我们今天完全可以通过扬弃礼乐文化中维护封建等级制度的内容，充分发挥其对个人道德教化方面的功效，由内而外调节人们的情感，形成敬与和的优秀品格，从而加强现代和谐社会的建设。

此外，传统礼乐文化中过分繁琐的礼仪规定和大肆铺张之举常常为世人所诟病，但我们应该认识到这些并非礼乐文化的本旨。我们应该从儒家所倡导的繁琐的礼仪形式中挖掘其精神实质。实际上儒家的各种礼节都蕴含着深层的义理。比如，冠礼在明成人之责，婚礼在成男女之别，立夫妇之义；丧礼在慎终追远，明死生之义；祭礼使民诚信忠敬，其中祭天为报本返始，祭祖为追养继孝，祭百神为崇德报功；朝觐之礼，在明君臣之义；聘问之礼，使诸侯相互尊敬；乡饮酒之礼在联络感情以明长幼之序和乡里之谊；射礼由体育活动可观察德行。所有的礼节都是围绕"敬"与"和"的基本原则来节制人们的行为，以达到人与人之间的和谐相处。但是随着"礼坏乐崩"，人们不再追求这些礼节的深层义理，而只追求外在仪式的奢华，借此以显示个人的尊贵。这当然与礼乐文化中所包含的等级尊卑观念有关，但实际上这却是不懂礼的表现。孔子在《论语·八佾》篇中曾对这种现象批评说："礼，与其奢也，宁俭。丧，与其易也，宁戚。"实际上，儒家所倡导的礼乐文化的宗旨并非为了追求外在的仪式，外在的仪式是次要的，真正重要的是通过行礼以慎重其事，节制人们的行为，宣扬这些仪式背后所蕴含的深层义理内涵，借此以达到教化民众、和谐社会的目的。儒家礼学经典主张根据自己的实际情况来实行礼仪，不主张超出自己经济实力的铺张之举。《礼记·曲礼》所谓"贫者不以货财为礼，老者不以筋力为礼"，正是这一意思的表达，因而过分追求礼节的外在仪式恰恰是不懂礼的表现。

总之，礼乐文化通过庞大而复杂的制度体系从内到外约束和调节着人们的道德情感与行为举止，是儒家实现修身、齐家、治国、平天下这一政治理想的重要途径和方法。在看似纷繁复杂的礼乐制度中蕴含着儒家简单而又深刻的人生智慧与治国思想，在天地自然的和谐之中寻求人们内心的平和与恭敬，寻求人与人之间的和谐相处之道。这也是儒家礼乐文化的教化主旨，而礼乐文化中对人的道德情感的极大关注在我们今天看来，仍然有着重要的参考价值与现实意义。

传统国礼略说

按照《周礼》的记述，国家层面的典礼可分为吉礼、凶礼、军礼、宾礼、嘉礼五种。汉代以后，历代的国家礼制虽有所演进和变化，但基本上都围绕这五礼进行礼制建设。

一、"事邦国之鬼神示（祇）"的吉礼

《周礼·春官·大宗伯》记载："以吉礼事邦国之鬼神示（祇）。"由此可知，吉礼就是祭祀鬼、神、示（祇）的礼仪活动。所谓鬼，指人鬼，即祖先的鬼魂；神，指天神；示（祇），指地祇，即地神。如郊天、大雩、大享明堂、祭日月、大蜡、祭社稷、祭山川、籍田、先蚕、祭天子宗庙、功臣配享、上陵、释奠、祀先代帝王、祀孔子、巡狩、封禅、祭高禖等。其具体内容和仪式虽然历代兴革不一，但一直为历代统治阶级所重视，从《周礼》至《大清通礼》，吉礼在历代五礼体系中，始终位列五礼之首，未曾改易。

吉礼祭祀的神灵种类繁多。《周礼·春官·大宗伯》记载有昊天上帝、日、月、星、辰、司中、司命、风师、雨师、社稷、五祀、五岳、山林、川泽、四方百物、先王等。上述神灵，种类繁多，大略可归并为天神、地祇、人鬼三大类型。

1. 郊祀天、地

古代帝王于郊外祭祀天地称为"郊祀"或"郊祭"。通常在南郊祭天，在北郊祭地。

自商周时起，天（帝、昊天上帝）就已成为中国古代神灵信仰体系中的至高无上之神。西周的最高统治者自称为"天子"，借助君权神授的理论垄断了对天帝的祭祀。大约周公制礼作乐时，郊祀天地的礼仪便已形成大体定型的格局。此后，历代封建王朝无不以此装点朝堂，在论证自己统治合法性的同时，从思想意识上凝聚民心，强调道德教化。

据礼书记载，西周时已实行祭祀天、地的郊祀礼，每年举行两次祭礼，一是冬至日在都城南郊圜丘（自然形成或人工修建的圆形土丘）祭天。举行圜丘祭天礼仪时，除祭天外，还有其他一些神灵可作为配祭，一并享受祭祀。一是夏至日在都城北郊方丘（自然形成或人工修建的方形土丘）祭地。祭天、地

北京天坛圜丘

礼之所以分别选定冬至日、夏至日举行,地点之所以分别选在都城的南郊、北郊,祭坛之所以分别修建成圆形、方形,都不是随意而为,而是有讲究的:在中国古人观念中,天为阳,地为阴。冬至日是阴尽阳生之日,所以选定此日祭天。同样,夏至日是阳尽阴生之日,所以选定此日祭地。在方位问题上,南方为阳,北方为阴,所以祭天的地点在都城南郊,而祭地的地点应在都城北郊。天为圆形,地为方形,所以祭天坛要建成圆形;而祭地坛则为方形。因祭地坛四周环水,故亦称"方丘""方泽"。

据礼书记载,周人祭天时使用的作为祭品的牲畜有牛、羊、猪等,甚至还有玉、帛等。祭祀采取燔燎(焚烧)祭品的方式,称为"禋(yīn)"。时人以为,焚烧各种祭品,可使其气味随烟火升腾于天,使天帝嗅到,从而达到祭祀天帝并获得天帝福佑的目的。祭礼仪节主要有卜筮、受命于祖庙、誓戒、斋戒、察视牲品、洗涤礼器、临祭、燔柴、作乐迎神、迎牲杀牲、荐玉帛、荐笾豆、荐血腥、祝号、享牲、荐熟、荐黍稷等。祭地礼仪虽与祭天礼仪大致相近,但对祭品的处理方式却大相径庭,即不是采用燔燎,而是采用瘗埋的方式,挖掘坎穴,将牺牲等祭品埋入土中,使地神歆享。

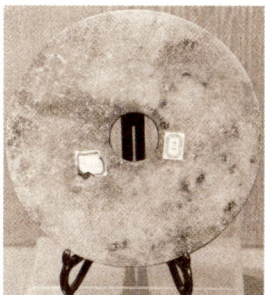

良渚文化玉璧(祭天礼舞)

东周（春秋战国）时代，大国争霸，王室衰微，昊天上帝的权威地位也一度衰落。随着神仙方术阴阳五行思想的流行、泛滥，原本为一神的昊天上帝也被分解为五位神灵，即"五帝"：青帝灵威仰，赤帝赤熛怒，黄帝含枢纽，白帝白招拒，黑帝汁光纪。偏处西北的秦国统治者信仰"五帝"，先后修建西畤、鄜畤、畦畤以祭祀白帝，密畤以祭祀青帝，上畤以祭祀黄帝，下畤以祭祀炎帝（赤帝）。

秦统一天下后，将以往的六畤改为雍地四畤，即皇帝于每三年的岁首十月，在秦国故都雍（今陕西凤翔县）附近的鄜畤、密畤、上畤、下畤四畤，祭祀白、青、黄、赤四帝。

刘邦建立汉王朝后，由叔孙通制定的礼仪制度，主要沿用古礼，兼采秦礼。在祭天礼仪上，西汉最初沿用秦畤祭制度，而又有所变革，即于雍增建北畤，祭祀黑帝。不过，汉高祖时，对天地的祭祀，皆由礼官主持，皇帝并不参加祭礼。汉文帝时，在渭阳修建五帝庙，于夏四月举行祭礼，由皇帝亲自主祭。

崇信神仙方术的汉武帝即位后，起初也于雍五畤祭祀五帝。但后来又采纳方士缪忌之说，以"泰（太）一"为地位最尊贵的天神，而降五帝为"泰（太）一"的辅佐者，在京城长安东南郊修建"泰（太）一"祠，对"泰（太）一"神举行隆重的祭祀。后来，又有人向武帝进言：古礼地位最尊贵的天神有三——天一、地一和太一，古代的天子每三年用太牢祭祀一次这三位神灵。这种毫无凭据的话，竟然又被汉武帝所采纳，于是又为天一、地一和太一修建神祠。不过，雍五畤所祭祀的五帝并没有被汉武帝抛弃。为便于举行祭礼，汉武帝在经常游玩、避暑、处理国政的甘泉宫（位于今陕西淳化西北甘泉山）修建泰畤，称甘泉泰一，作为一座综合性的祭祀天地的祭坛。

勇于创新的汉武帝并不满足于祭天神，元鼎四年（公元前113年）冬，汉武帝提出，按照古礼，皇帝在祭祀天帝之外，还应祭祀后土神。于是他又命令在当时河东汾阴（今山西万荣县西南）修建后土祠。

汉武帝"罢黜百家，独尊儒术"后，儒家学说在意识形态领域的主导地位逐渐确立。以往杂乱的祭祀天地之礼，也日益遭到儒学臣僚的非议。汉成帝时，丞相匡衡上奏指出：按照古礼，应在京城长安南郊建坛祭天，而如今却要在位于长安城北的甘泉泰一坛祭天，再长途跋涉至汾阴，在后土祠祭地，这既违背古礼，又长途劳顿，有损皇帝的安全、健康，还惊扰沿途吏民。经过激烈的辩论，汉成帝采纳了匡衡等人的建议，于建始元年（公元前32年）十二月，分别在长安城南郊修建圜丘，在北郊修建方丘。翌年春正月在南郊祭天，并于三月在北郊祭祀后土。这是汉代南郊祭天、北郊祭地的开始。但此制在成、哀之世曾两度被废罢。

平帝时，王莽当政专权。他依据儒家经典恢复了长安南、北郊祭祀天、地之礼。还别出心裁，对祭祀天、地的礼仪进行了若干与礼书记载不符的变革：一是南郊祭天时，以地配祭。即于南郊合祭天、地。二是于南郊合祭天、地时，以汉高祖刘邦、高皇后吕氏配祭。

刘秀建立东汉王朝后，虽以复兴汉朝为号召，以争取正统地位，但在郊祀制度上，他却基本沿袭王莽之制。建武元年（公元 25 年），刘秀于鄗（今河北柏乡）即帝位，在鄗之南修建祭坛，祭告天、地。次年，在都城洛阳以南七里处修建祭坛。祭坛形状为圆形，分上、下两层。上层设天、地神位，下层依方位分设五帝之位。坛外有两重围墙，谓之"壝"。中壝、外壝内都设有从祀的各种神灵的神位，基本将当时人们所知道的各种神灵都纳入了祭祀范围。

魏晋南北朝时期，由于郑玄、王肃两位经学大师对礼书记载的三代郊祀礼制的诠释殊途异趣，导致这一时期历代政权或宗郑说，或遵王说，郊祀礼制变更不定。简言之，郑玄认为，圜（方）丘、南（北）郊为二祭，前者祭祀天皇大帝，后者祭祀五帝（感生帝）。方泽祭祀昆仑神，北郊祭祀神州地祇。王肃则认为，圜（方）丘、南（北）郊，名虽异而实则同。三国曹魏最初沿用汉礼，魏明帝太和元年（公元 227 年），举行郊祀礼祭天，以祖父武帝曹操配祭。然而，十年之后的景初元年（公元 237 年）十月，曹魏就遵奉郑说，在京师洛阳以南的委粟山修建圜丘。在此处受祭的神灵被命名为"皇皇帝天"，以被曹氏皇室追认为始祖的五帝之一的帝舜配祭。在方丘受祭的神灵被命名为"皇皇后地"，以帝舜的妃子伊氏配祭。在天郊受祭的神灵被命名为"皇天之神"，以太祖武皇帝曹操配祭。在地郊受祭的神灵被命名为"皇地之祇"，以曹操的妻子武宣皇后配祭。西晋开国皇帝司马炎因是王肃的外孙，因而，西晋奉王肃丘、郊一祭说定制。这一制度基本为后来的南北朝所沿袭。

隋朝将各种神灵的祭祀分类为大、中、小祀，其中，对昊天上帝、皇地祇的祭祀被列为大祀。唐初，大致遵循郑玄的"六天之说"，郊天祭昊天上帝、太微五天帝。到高宗时，许敬宗等人认为郑玄的讲法来源于纬书，不符合正统经学，并从天的唯一性上，否定了郑玄六天之说。至武后永昌元年（公元689年），终于下令："自今郊祀之礼，唯昊天上帝称天。"随着祭祀主神唯一化的实现，圜丘祭祀主神及祭坛的问题也得到了统一。

此后，宋元诸代的郊祀制度虽然有所变化，但均大体沿用了唐制。

明代初年实行天、地合祭之制，定于每年孟春正月合祀天地于南郊，修建大祀殿，以圜形大屋覆盖祭坛。明成祖迁都北京，在正阳门南按南京规制，营建大祀殿，于永乐十八年（公元1420年）建成，合祀天地。从此以后，明朝一直实行天地合祭制度。到明世宗嘉靖八年（公元1529年），朝臣围绕天地是合祭还是分祭问题，展开了激烈的辩论。最终决定改变天、地合祀制度，在大祀殿南另行修建圜丘，改山川坛为方泽坛，位于北京城安定门外。嘉靖十三年（公元1534年），改称方泽坛为地坛。它是明、清皇帝祭祀皇地祇的建筑，也是中国历史上连续祭祀时间最长的一座地坛。今北京地坛，即为明嘉靖九年所建。

北京天坛祈年殿
（大享殿）

清代虽为满族建立的政权，但其祭祀天、地礼制基本沿袭明制。清世祖（顺治）定都北京后，即恢复修建正阳门南天坛各种配套建筑，后经乾隆时改修，成为我们今天所见到的天坛古建筑群。它包括圜丘、祈年殿（大享殿）、皇穹宇、皇极殿、斋宫、井亭、宰牲亭等。

2. 封禅

帝王在泰山上筑土为坛以祭天，报天之功，称为封。在泰山脚下的小山（秦汉至唐为梁父山，唐宋时期为社首山）祭地，称为禅。封禅是古代中国最高统治者举行的一种与郊祀礼有同亦有异的祭祀礼仪。相同之处是：封禅与郊祀都以天、地为祭祀对象。相异之处是：郊祀是最高统治者每年（或每三年）必须举行的常规性的祭祀天、地之礼；而封禅则不是任何帝王都可以随意举行的。按照史书记载，封禅礼的举行，需要满足三个条件：一是改朝换代、易姓而王；二是天下太平；三是只能在五岳中之东岳泰山举行。因而，只有少数被认为功德卓著的帝王，才有资格至泰山举行封禅礼。

秦始皇是中国历史上有明确记载的第一个举行封禅礼的皇帝。秦统一六国后，他自认为功德超迈往古，具备了封禅泰山的资格，于是千里迢迢奔赴泰山举行封禅礼。他至泰山后，首先召集齐鲁儒生 70 多人，商讨封禅礼的具体仪式。儒生们告诉秦始皇：要用蒲草将车轮包起来，以免损伤山上的草木。然后扫地而祭，以简朴的方式进行，不应铺张浪费，劳民伤财。儒生们的建议，显然与秦始皇封禅的初衷，即向天下展示其丰功伟绩、宏图霸业背道而驰。于是秦始皇对儒生们的上述建议嗤之以鼻，摒弃不用，自率文武大臣，浩浩荡荡地从泰山南登上山顶，立石颂德，进行封禅。完成封礼后，又至梁父山（泰山下的一座小山名）举行禅礼。

西汉初，大乱甫定，民生凋敝，统治者大力推行与民休养生息的无为之治，因而高帝、惠帝、文帝、景帝诸帝，并无意于举行封禅礼。汉武帝是一个雄才大略的皇帝，也是一个好大喜功的皇帝。随着社会政治、经济的稳定发展，在方士化的儒生们的鼓噪下，汉武帝自觉已有资格和精力举行报天告地的封禅大礼。

汉武帝第一次封禅泰山是元封元年（公元前110年）。本年三月，汉武帝率18万大军从长安出发东巡。先到嵩山祭中岳，而后东往泰山。此时泰山花草未生，登山未免扫兴，武帝便命人立石于泰山顶，然后转而往东海边巡游，礼祠齐地八神。四月，泰山草木已生，武帝返回泰山，自定封禅礼仪：先至梁父山举行祭地礼；然后在泰山下东方建封坛，高九尺，其下埋藏玉牒书，举行封

汉武帝明堂复原图

祀礼之后，武帝便登泰山，行登封礼；第二天自岱阴下，按祭后土的礼仪，禅泰山东北麓的肃然山（今莱芜市西北）。封禅结束后，汉武帝在泰山脚下的明堂接受群臣朝贺，并因首次封禅改年号元鼎为元封。此后，汉武帝又先后来泰山进行过多次封禅活动。

光武帝刘秀重建汉朝，被视为"中兴"之主，可谓功德卓著。建武三十年（公元54年），张纯建议光武帝仿效汉武帝的先例，封禅泰山。光武帝认为，此时统治刚刚稳定，民力尚未恢复，各种矛盾还很尖锐，若举行封禅礼，纯粹是欺骗上天，自欺欺人。于是，他下诏斥责那些为迎合皇帝而建议举行封禅礼的人，并下令如再有人建议实行封禅，将处以髡刑，并流放边疆屯田。然而，两年之后，崇信谶纬，宣布以图谶治国的光武帝读纬书《河图会昌符》时，注意到里面记载这样一段话："赤刘之九，会命岱宗。不慎克用，何益于承。诚善用之，奸伪不萌。"意思是说，神人以为，作为西汉高帝刘邦九世孙的刘秀，应封禅泰山。如不认真对待此事，则无益于皇位继承人。若能认真实行，可以杜绝一切奸谋伪诈。在这条谶纬的影响下，刘秀下定决心，于建武三十二年（公元56年）二月亲自去泰山进行封禅大典。然后改本年年号为"建武中元"。

魏晋南北朝时期，天下分裂，军阀割据混战，但这并没有打消某些好大喜功的皇帝试图借助封禅标榜自己所谓功德，证明本政权正统性的念头。三国时曹魏明帝、南朝宋文帝、梁武帝都意图封禅，但均因种种主观、客观条件的限制而未成行。

唐太宗在位时，国家统一，经济繁荣，社会稳定，"贞观之治"被后人称羡。贞观十一年（公元637年），当时的经学大师颜师古撰定《封禅仪注书》，准备供唐太宗采择。不巧的是，不久天现彗星，时人以为这是上天因统治者施政有阙失，即将降临灾难的凶兆，唐太宗只好取消封禅礼。唐高宗于乾封元年（公元666年）正月举行封禅礼：依圜丘祭天仪式，在泰山山下修建的封祀坛祭祀皇天上帝，以唐高祖、唐太宗配祭。隔一日后，又依方丘祭地仪式，在社首山修建的降禅坛举行禅礼，以两位先妣，即高祖妻太穆皇后、太宗妻文德皇后配祭。这次封禅礼一个最大的特点是皇后武则天不仅参加了祭礼，还与另一位妃子燕氏分别充当了以往只能由男性担当的亚献、终献角色，这在礼制史上可谓破天荒的。

对于有远大政治抱负和杰出政治才能的武则天来说，担任亚献虽然标明其政治地位已可与皇帝并驾齐驱，但不过是牛刀小试而已。不久后，武则天称帝，建立周朝。为告成功于天地，标榜自己的无量功德，万岁通天元年（公元696年），73岁的武则天亲自主持封禅礼。不过，与传统封禅礼迥然有别的是，此次封禅礼没有遵循传统至泰山举行，而是改在中岳嵩山举行，封于神岳，禅于少室山。

开元十二年（公元724年），大唐统治蒸蒸日上、如日中天时，唐玄宗为炫耀功绩，命张说、徐坚等人刊定封禅仪注。次年，即按此仪注，至泰山封禅。唐玄宗还亲自撰写了洋洋千言的《纪泰山铭》一文，刻在泰山山顶大观峰上，这就是我们今天看到的唐摩崖碑。

北宋的宋真宗赵恒是中国历史上最后一位实行封禅礼的皇帝。宋真宗文治武功，远逊色于其伯父宋太祖赵匡胤、父亲宋太宗赵光义。特别是景德三年（公元1006年），在辽军威逼下，宋真宗屈膝求和，签订和约，每年输送辽岁币银绢三十万，史称澶渊（今河南濮阳）之盟，大宋天子可谓颜面扫地。或许为摆脱这一阴霾给臣民造成的恶劣影响，宋真宗煞费苦心，封禅礼被他视为捞回颜面和尊严的手段。景德五年（公元1008年）十月，宋真宗率领大队人马开赴泰山举行了封禅礼。这是中国古代封禅大典的绝唱。此后，宋元明清再也没有其他皇帝有兴趣举行封禅礼了。

3．社稷之祭

社、稷本为农业神。社是土地神。稷本是一种谷类农作物名称，是中国远古时期黄河流域较早培育的农作物。因五谷众多，不能一一祭祀，故选择被视为五谷之长的稷作为五谷之神，加以祭祀。自先秦时起，社、稷神就逐渐被人性化。传说远古时期共工氏之子后土有平整九州水土之功，因而被后人祀为社神，汉代人撰写的《淮南子》则称禹为社神。厉山氏之子农（一说名"柱"）有种植百谷之功，因而被后人祀为稷神。随着周族的兴起，周人将该族擅长农耕的第一个男性始祖弃奉为稷神。

在《周礼》记载的吉礼祭祀体系中，社稷的地位虽低于五帝、日月星辰等天神，但在以农业为立国之本的古代中国，社稷的角色发生了变换，从最初的农业神，逐渐被赋予更为浓郁的政治色彩，被视为地域保护神，成为国家政权的象征和标志。因此，社稷之祭为历代统治者所重视。当一政权建立后，必先建立社稷；当灭亡一个国家后，也必先毁灭其社稷。

在我国古代，一直存在着"社稷祭祀"的制度，把祭祀土地
神的地方称作"社"，把祭祀谷物神的地方叫作"稷"。今天北
京市中山公园还保留有建于明成祖永乐十九年（公元1421年）
的社稷坛。这个社稷坛位于紫禁城南面、天安门西侧，与天安门
东侧的太庙（今劳动人民文化宫）一起形成"左祖右社"的礼制
格局。北京社稷坛是现存的唯一一座祭祀社稷之用的庙坛建筑。

北京社稷坛

与稷不同的是，社因修建与祭祀者身份等级差异，而类型
繁多。据史书记载，社的种类主要有如下八种：

（1）太社，或曰泰社，是天子为吏民百姓修建的国社，可
视为全国级别最高的总社。

（2）王社，或曰帝社，王或天子为自己及本家族所修建之社。

（3）国社，诸侯国国君为辖下的吏民百姓修建之社。

（4）侯社，诸侯国国君为自己及本家族所修建之社。

（5）州社，一州的地域保护神。

（6）郡社，一郡的地域保护神，始于汉代。

（7）县社，一县的地域保护神，始于汉代。

（8）里社，一里（中国古代基层行政单位，二十五家为一
里）的地域保护神。

不同时代的社（社主）的外观也不尽相同。简单来说，主要有如下几种形状：

（1）封土，即在地面上堆土成丘为社。《管子·轻重戊篇》记载五帝之一的舜时即封土为社。考古发现的商朝甲骨文记载，商朝人有祭土之礼，甲骨文中的"土"字或作""，应是当时封土成丘为社之反映。

（2）社坛为方形。据礼书记载，帝王的太社，以青、赤、白、黑、黄五色土铺设，分别配于东、南、西、北、中五方。

（3）以石为社（或社主）。《淮南子·齐俗训》记载商朝人用石为社。更为常见的现象是，中国古代多以石为社神之神主。据东汉经学大师郑玄推测，周朝的军社即以石为社主。金朝修建于北京的社坛，以下宽二尺的白石作社主，外形如钟，大约二分之一的石块埋于坛上土内。今北京市中山公园内的明清社祭坛，坛中央原有一方形石柱，即社主石。

（4）以木为社主。明世宗嘉靖十年（公元 1531 年）修建的社稷坛中，供奉的社、稷神位，都为木制成，各高一尺八寸，宽三寸，分别题写"帝社之神""帝稷之神"，字皆为朱漆质金。

（5）庙祠为社。礼书记载先秦时期的社皆为露天场所。后世则或有修建为庙宇祠堂，以祭祀社神。

4．宗庙之祭

祖先崇拜在古代中国人的思想观念中具有极其重要的地位，宗庙就是体现这一观念的具体外在物化形态，它是古代中国有身份的阶层祭祀祖先的礼制性场所。按照礼书记载，社会等级身份不同的人，其所修建的宗庙庙数、祭祀礼仪有严格的尊卑差异。夏、商、周三代，社会地位最高的王（天子）修建七所宗庙，诸侯王为五庙，公卿大夫为三庙，士二庙（或一庙），庶民没有修建宗庙的资格，若要祭祀祖先，只能在居住的寝室中举行祭礼。

《礼记·王制》记载："天子七庙，三昭三穆，与太祖之庙而七。"本指帝王设七庙供奉祖先，太祖庙位居正中，其左右各为三昭三穆。不过，由于礼书记载的疏略，因而自汉代开始，人们就对"天子七庙"究竟是哪七位祖先的宗庙问题意见产生了分歧。大致说来，主要有两种说法：一是有人认为，"七庙"是由一所皇室的始祖庙，两所因有功德被追授"宗"庙号而世世不毁的祖庙（也称祧庙、世室），在位天子的高祖父庙（也称显考庙）、曾祖父庙（也称皇考庙）、祖父庙（也称王考庙）、父庙（也称考庙、祢）所谓"四亲庙"组成。另一种意见认为，"七庙"是由皇室的始祖庙、在位天子六世祖以下六所"亲庙"组成。始祖庙、因有功德而被追授有"宗"庙号的祖先宗庙，世世不迁毁。所谓毁庙，是指在位天子的某代祖先，若与在位天子的血缘关系超过四世（如按后说为六世），即在位天子的第五代（如按后说为第七代）祖先以上者，即被视为血缘关系过于疏远，谓之"亲尽"。"亲尽"的祖先神主，要被迁出宗庙，藏于祧庙之中，平时不再享受子孙的祭祀，只是到每隔三年举行一次的祫祭、每隔五年举行一次的禘祭等大祭时，才与未毁庙祖先神主一并享受祭祀。

宗庙祖先神主的排列，一般是始祖（即太祖）庙居于正中，始祖以下，第一代居左，称"昭"。第二代居右，称"穆"，第三代居左，称"昭"，第四代居右，称"穆"，依此类推。由此形成了比较独特的昭穆制度，即始祖以后，父辈称昭，子辈称穆。举行祭祖礼时，在世的后代子孙也要按照昭穆的顺序，依次排列。

据礼书记载，夏、商、周三代宗庙祭祖礼，主要有四种类型：一是"四时祭"，即于春、夏、秋、冬四季的每季第一个月（亦称孟月、首月）举行祭礼，名称分别为祠、礿（yuè）、尝、烝。二是每隔三年举行一次的祫祭、每隔五年举行一次的禘祭，因其祭祀规格高于"四时祭"，故也称大祭、殷祭。三是所谓"荐（尝）新"祭，即每逢粮食、瓜果蔬菜等农作物新成熟时，在世子孙不能擅自先享用，而是要先将收获物献于宗庙，由祖先先品尝，以此体现对祖先的孝敬之心。四是具有临时性质的"告祭"，即每当发生重大的吉利或凶险之事时，子孙都要到宗庙祭祀祖先，将这些事情禀报祖先，以示不敢自专之意。

秦汉以后的历代帝王的宗庙制度基本上都将儒家三礼（《周礼》《仪礼》《礼记》）奉为权威依据，大致遵循而无违。

秦国虽不乏祖先崇拜观念，王室为祖先修建有宏伟的宗庙、陵寝，举行隆重的祭祀，但与东方诸国相比，受儒家礼乐文化的影响较弱，因而祖先观念相对淡漠。秦统一后，随着不同地域文化之间的交流、融合，秦人祖先观念已有很大改观。秦始皇屡屡将其成功归因于祖先的庇佑，秦二世即位后，采纳臣僚建议，实行皇帝"七庙"制度。

西汉初，叔孙通在秦代"七庙"制度的基础上采撷古礼制

定出汉代宗庙制度。除在京师长安为历代皇帝修建宗庙外，自
西汉初至汉元帝永光四年（公元前40年），还陆续在郡、诸侯
国为高帝、文帝、武帝修建宗庙。至汉元帝时，68处郡国修建
有高帝、文帝、武帝宗庙，计167所。

汉武帝"罢黜百家，独尊儒术"之后，随着儒家思想独尊
地位的逐渐确立，与儒家经典记载三代宗庙礼制不符的汉初宗
庙制度，也日渐遭到儒学官僚们的指责。在丞相韦玄成等人的
推动下，汉元帝于永光四年下诏撤消在郡国为高帝、文帝、武
帝修建的宗庙。次年，又诏令实行"亲尽"毁庙之制。

刘秀自命为西汉王朝的继统者，因而，修建宗庙，祭祀西
汉高帝、文帝、武帝。建武二年（公元26年）于洛阳修建高庙，
祭祀自高帝至平帝十一帝。次年，又在洛阳修建四所宗庙，祭
祀亲生高祖父刘买以下四世祖先，使宗庙庙数达到15座之多，
远远突破了皇帝"七庙"礼制；而其遽然置四世"亲庙"，更是
隐然有以之代替置西汉皇帝大宗四庙之势。这一举措，无疑违
背了宗法原则。建武十九年（公元43年），张纯等根据"为人
后者为之子"的宗法原则，建议光武帝撤除为亲生高祖父以下
四世所修建的宗庙，而代之以西汉皇帝大宗，即元、成、哀、平
四帝庙。

由于东汉初，特别是汉章帝举行白虎观会议后，谶纬化的
儒学的独尊地位已基本确立，东汉皇帝宗庙祭祀制度也开始依
据儒家经典的记载，实行"四时祭"和祫祭、禘祭。当时儒生
们争论纷纭的问题是，祫祭、禘祭究竟是同名异祭，还是两种
不同的祭祀。经过议论，光武帝采纳了张纯等人的建议，以禘祭、

祫祭为同一种祭祀，合祭历代祖先、审定昭穆次序，统称之为"殷"祭。

或许是因为感到为每一位去世的先帝单独修建宗庙，颇耗费人力物力，所以自东汉明帝时开始，就不再为每一位皇帝单独修建宗庙，而是在他去世后，将其神主收藏于为光武帝单独修建的"世祖"庙中。此外，东汉皇帝也热衷搞"形象工程""面子工程"。本来，按照儒家经典有关记载，以及西汉儒生如刘歆等人的解释，只有生前建树卓著的帝王，死后才有资格享有"庙号"，其宗庙世世不毁。如西周，仅有后稷为本族始祖，周文王、周武王因有灭商一统天下的丰功伟绩，而有庙号，其他诸先公先王，即便是缔造了"成康盛世"的成王、康王，死后也仅有谥号，而无庙号。西汉前期也比较严格地遵循这一传统，至汉平帝前，唯有汉高帝、文帝、武帝分别被后世的惠帝、景帝、宣帝追加以"高祖""太宗""世宗"的庙号。汉平帝及后来的孺子刘婴在位时，王莽执政。或许为夺权创造便利，王莽一股脑地为宣帝、元帝、成帝、平帝分别追加"中宗""高宗""统宗""元宗"庙号。

光武帝或因王莽此举违背儒家经典，或因元帝、成帝、平帝生前作为平庸，若有庙号，难免有名不副实之嫌，所以，东汉初，除保留宣帝"中宗"庙号外，元帝、成帝、平帝的宗庙庙号一概蠲除。光武帝去世后，皇太子刘庄即位，即汉明帝。明帝认为光武帝有中兴汉室的丰功伟绩，所以为他单独修建宗庙，并追加"世祖"庙号。同样，明帝、章帝去世后，即位者章帝、和帝分别追加其宗庙庙号为"显宗""肃宗"。因为为先帝追加庙号，

使其宗庙世世不毁,是体现后代子孙孝敬先帝最有效、也是成

本最低廉的手段,所以,自和帝开始,历代诸帝去世后,除殇帝、冲帝、质帝三帝死亡时年龄太小,灵帝去世后不久即爆发宦官之乱、董卓篡权的乱政而无暇顾及外,其余和帝、安帝、顺帝、桓帝皆被分别追加以"穆宗""恭宗""敬宗""威宗"庙号。这样做,虽然体现了后世子孙对先帝的孝敬之情,却违背了儒家经典关于唯有大功德的帝王死后才可追加庙号的规定。上述四帝因其宗庙有庙号,世世不毁,竟使当时皇家宗庙数量达到12座,严重违背了儒家经典关于"天子七庙"的规定。

汉献帝初平元年(公元190年),在蔡邕建议下,和帝、安帝、顺帝、桓帝宗庙庙号被取消。由于西汉高帝、文帝、武帝、宣帝,东汉光武帝、明帝、章帝宗庙庙号皆保留不变,世世不毁,再加上汉献帝的四世"亲庙",即安帝、顺帝、桓帝、灵帝四帝宗庙,东汉末年皇帝宗庙庙数,实际上依然突破了"天子七庙"的规定,而达到11座之多。

三国初,战乱频繁。纵使各政权统治者多提倡礼教,一时也无暇顾及礼仪制度的具体建制。因而,此时宗庙礼制或一沿汉制,或仅备权礼。如曹魏,最初仅为三世近祖修建宗庙。蜀汉则在"同堂异室"为建国皇帝刘备单独修建宗庙方面,比较严格地遵循东汉初的宗庙礼制。孙吴皇帝宗庙则分建异地,孙坚的宗庙修建于长沙临湘,孙策的宗庙则修建于都城建业。随着战乱的逐渐减少,各项礼制的建制,也被提上议事日程上来。魏明帝曹叡在位时,遵循当时在经学界几成"小一统"局面的郑玄对周代"天子七庙"、禘祭、祫祭礼的诠释,规制"七庙"

和祭祖礼制：追加武帝曹操的宗庙"太祖"庙号，文帝曹丕的宗庙"高祖"庙号。明帝此时虽在世，也加以"烈祖"庙号。上述三祖宗庙，世世不毁。其余在位皇帝的四"亲庙"，亲尽则毁。

西晋建国后，一改曹魏遵循郑玄学说的成规，转而大致遵循王肃学说。皇帝宗庙，由"四亲庙"之制转变为"六亲庙"之制。

南北朝之后，历代帝王宗庙制度基本沿用两汉、魏晋时期的"七庙"制度，但也经常由于受到一些"君统"与"宗统"的特殊情况而进行一些变通。

清代北京太庙

二、"哀邦国之忧"的凶礼

凶礼，是指遭遇到凶丧祸患时，人们相互间进行的哀悼吊唁、救济抚恤的诸礼仪的总称。《周礼·春官·大宗伯》记载先秦时期已实行五种类型的凶礼："以凶礼哀邦国之忧。以丧礼哀死亡，以荒礼哀凶札，以吊礼哀祸灾，以襘（guì）礼哀围败，以恤礼哀寇乱。"丧礼，将在下文传统家礼中作较详细的介绍，这里主要先对礼书记载及历代实行的作为国家事务的荒礼、吊礼、檜礼、恤礼略做阐述。

荒礼，是指因自然灾害引起农作物的歉收、损失和饥馑后，统治者为救荒而采取的礼仪。据《礼记·曲礼》与《周礼·天官·膳夫》记载，在遇到灾荒年节时，天子、各级官吏要降低饮食标准；不杀牲；不用谷物作为饲料来喂马；不在有野草野菜生长的土地上修筑类似今天高速公路的"驰道"，或者说不能为了保持驰道交通通畅，而随意清除生长在其上的野草野菜，以供百姓采摘充食；贵族举行各种祭祀时，不能悬挂钟、磬等重型、大型乐器；大夫们不能食用精美食物，士饮酒时不能充满兴高采烈的情绪，不能奏乐劝酒饮酒。当发生疫疠流行、地震与战乱等天灾人祸时，统治者要与民同忧患，不宜饮酒吃肉，歌舞作乐，并由政府向受灾者提供钱财物品与粮食救济。由于古人清醒地意识到，许多疫疾是由于死于灾荒中的人或牲畜的尸体未能及时掩埋而引发，所以，历代常常采取由国家、政府赐给那些因贫穷而无力办理丧事的家庭棺木或丧葬钱，来埋葬死者。这样既使死者早日入土为安，体现出生者对死者逝去的生命的尊重和人文关怀，也可以有效、迅速消除疾疫萌生的根源。

吊礼，本义是吊唁吊丧之礼，后引申为他国或朋友遭遇灾祸后，进行的慰问抚恤之礼。《周礼·秋官·小行人》："若国有祸灾，则令哀吊之。"吊礼的施用场合非常广泛，凡是安慰抚恤凶灾受难者的行为，皆属吊礼。先秦时期，吊礼主要限于水、火灾害。《左传·庄公十一年》记载，该年秋，宋国发生大水灾，鲁庄公派遣使者前往行吊礼。《礼记·杂记》记载，孔子家马厩起火，周围乡邻纷纷赶来救火、慰问，即为吊礼。孔子向他们行拜礼，以示感谢。此外，问疾礼也属吊礼范畴。问疾礼是指王公贵族患病时，君王前往病人家中探视慰问的礼仪。如《论语·乡党》中记载孔子生病时，鲁国国君亲自来探视问疾。唐朝撰定的《开元礼》有慰问诸王、宗室、外戚、公卿、都督、刺史、藩国国王等礼仪。北宋《政和五礼新仪》及后世其他礼典基本沿用《开元礼》的有关规定。

檜礼，檜，集合、汇聚之意。此礼是指当某国因战败而蒙受损失时，其同盟诸国要赠送若干数量的财物作为救济。后来也指某国发生天灾或人祸，同盟各国向其赠送钱物，予以救助。《左传·襄公三十年》记载，宋国发生水灾，鲁、晋、齐、卫、郑等诸侯国的上卿聚会，商讨向宋国赠送财物，加以救济。

恤礼，是指友好邻国外遭侵略，内有动乱时，同盟诸国不馈赠财物，只派遣使者前往表示慰问的一种礼仪。

秦汉以后，由于大一统政治体制取代了先秦时期的封建体制，凶礼的内容和结构都发生了重大的变化。汉、唐、宋、明、清等大一统帝国虽然也实行封建制度，但大多时候，这些封建王国已基本丧失了独立的行政外交权，而只能由中央政府统筹处理。所以，先秦时期实行的吊礼、檜礼、恤礼等礼仪，或不复存在，或内容与形式皆发生了很大变化。丧葬礼、赈灾礼逐渐成为秦汉以后历代修撰的礼典的主要内容。甚至某些朝代修撰的礼典，如《清通礼》，将赈灾礼剔除出"凶礼"体系。

三、 "亲邦国" 的宾礼

宾礼，是接待宾客的诸礼仪的总称。西周时，宾礼是天子和诸侯王之间、诸侯国与诸侯国之间相互来往时实行的礼仪规范。秦汉以后，宾礼则成为中央政府与地方官员、中国与外国之间相互来往时实行的各种礼仪规范。

《周礼·春官·大宗伯》记载了主要为诸侯国国君或诸侯国国君所派的使者拜见天子的八种宾礼："春见曰朝，夏见曰宗，秋见曰觐，冬见曰遇，时见曰会，殷见曰同，时聘曰问，殷眺曰视。"

朝、宗、觐、遇分别是诸侯国国君亲自或派遣的使者依春、夏、秋、冬四时朝觐天子。每次朝觐天子的目的、活动，也不尽相同。《周礼·秋官·大行人》解释说：春天朝觐天子，是为了与天子商议一年内天下大事。秋天朝觐天子，各邦国相互评比本年中的功绩。夏天朝觐天子，以便向天子陈述各自的谋划。冬天朝觐天子，以便天子协调各国的行动。通言之，诸侯国国君或其派遣的使者四时拜见天子，均可称为"朝"，亦可称为"觐"。诸侯国国君相互会见，也可以称为"朝"。

会、同、问、视是指在不同场合与时间，或天子召见诸侯，或诸侯派大夫聘问天子之礼。会，又称"时见"，此礼仪举行的时间并不固定。此礼举行的前提是，某诸侯国不愿顺服天子，天子将对其发动征讨，于是召集该国所处方位的其他诸侯国国君聚会，以便协调行动。同，又称"殷见"，殷即众之意。天子不外出巡视，于是召集四方诸侯，会于京师，因诸侯众多，故称"殷见"。问，是指天子有事时，诸侯派使臣来聘问之礼。因不定期举行，所以也称"时聘"。视，是指诸侯派遣卿聘问天子，因各国前来聘问的卿较多，所以也称"殷眺"。殷即众，眺即视之意。

春秋战国时，周天子地位衰微，"礼乐征伐自天子出"已成为历史的陈迹。诸侯国国君朝觐周天子之礼，已徒具空文，只是偶一行之。与此形成鲜明对比的是，一些弱小的诸侯国对强大的诸侯国的朝聘频率，超过对周天子的朝聘。天子为获得诸侯的支持，竟反过来聘问诸侯。"周礼尽在鲁"的鲁国，在鲁隐公在位的 11 年里，周天子曾三次派使臣聘问鲁国，而鲁隐公却一次也没有去都城朝见周天子。据统计，终春秋之世，鲁国国君仅朝觐周天子 2 次，其中至京师朝觐的仅有 1 次，而朝见齐国达 11 次，朝见晋国竟多达 20 次。周天子派使者聘问鲁国 7 次，鲁国派遣大夫聘问周天子仅有 4 次，而其聘问齐国却有 16 次，聘问晋国则多达 24 次。礼坏乐崩，一至如斯。会同之礼，也往往成为一些诸侯大国"挟天子以令诸侯"的工具，周天子有时竟然被征召参加会盟，承认大国称霸。如鲁僖公二十五年（公元前 635 年），周王室发生内乱。周襄王的异母弟王子带联合狄人，夺取王位。周襄王被迫逃到郑国氾地（今河南襄城县南）避难，派使者向秦、晋求救。晋文公派军击败、活捉王子带，恢复了周襄王的王位。公元前 632 年，在召开承认晋国霸主地位的践土（今河南原阳县西南）盟会时，周襄王也被召来参加会盟。《春秋》的作者以"天王狩于河阳"六字载此事入史册。

秦汉以后，由于政治格局由分封制转化为中央集权的郡县制（某些历史时期也有郡县与分封并行制），因而周代的宾礼便演化为群臣朝觐皇帝的礼仪、皇帝出巡的礼仪、王朝与周边国家使臣交往的礼仪等。

汉代实行郡县与分封并行的政治体制，既有历代皇帝的兄弟子侄等宗室建立的诸侯王国，也有直辖于中央政府、最高行政长官郡守职位不世袭、由皇帝直接管辖的郡和县。两汉时，诸侯王或每年一朝，或数年一朝，或长期滞留京都，没有严格的制度。同姓诸侯王来朝，皇帝也常以家人之礼相待。

随着汉朝与周边各少数民族政权的来往日益频繁，一些少数民族政权向汉朝表示臣服。其或由首领或派遣使者前往京师，朝见汉朝皇帝。汉朝为接待他们，制定相关礼仪，被纳入宾礼范畴。汉武帝时，汉朝国力强盛，声威远播。南越、西域诸国皆遣使朝献。

三国曹魏初，为防止诸侯王篡权，曾长时间禁停诸侯王朝觐皇帝及诸侯王彼此之间的相互往来之礼。直至魏明帝时，防范才有所松弛。西晋武帝泰始年间规定，诸侯王每三岁一朝，朝礼皆执璧。

南北朝时期，南、北各政权在大致相对和平相处时期，多互相派遣使者聘问，都制定有相应的接待礼仪，也属于宾礼的范畴。由北周扶持的梁王萧詧以藩国身份朝觐北周皇帝，依礼经有关记载，制定朝觐之礼。这一时期，朝鲜半岛上的高句丽继续与中国历代政权保持着朝贡关系。

唐朝国力强盛，周边诸国朝觐聘问络绎不绝。唐朝将宾礼专门限于用来接待藩国的君主或使者。我国古代现存的最早一部依"五礼"体系修撰的礼典——《大唐开元礼》中，就专门制定了接待藩国的君主或使者的具体礼仪。稍后问世的《唐六典》、北宋欧阳修等人撰写的《新唐书·礼乐志》，也遵循了这一体例。

两宋的宾礼与唐代宾礼相比，皆有所变化：

一是与唐代仅将藩国的君主或使者朝觐唐朝皇帝的礼仪视为宾礼不同的是，宋代官修礼典扩充了宾礼的内容。北宋徽宗时修撰的《政和五礼新仪》包含宾礼23项，除皇帝接见藩国朝觐者礼外，还增加了臣僚拜见皇帝的朝仪、参仪、臣僚向皇帝表示恭贺的贺仪、皇太子与师保相见仪等。

二是两宋因国力较弱，不仅没有藩国君主朝觐宋朝皇帝之事，唐朝皇帝高高在上接受万邦使者朝觐膜拜的情形，也不复存在。北宋先后与由少数民族建立的辽、西夏、金等政权对峙，南宋则与金、元等少数民族政权对峙。对峙的各政权之间既互有攻伐，也有或长或短的相对和平相处时期。因对峙各国实力相差无几，故这一时期某国君主前去朝觐另一国君主的礼仪，不复实行。各国使者频繁往来，互通消息，各国也都制定有接待来使的相关礼仪。北宋因与契丹约为"兄弟之国"，庆贺、丧典使者往来，实行的宾礼礼仪，类似于古代诸侯各国之间遣使交聘之礼，而不是藩使聘于天子之礼。南宋向金称臣，所谓的宋、金通使，实际上已经成为南宋向金国皇帝行藩国朝贡之礼。

明初恢复唐礼，宾礼只实行于明朝与外国之间的交往。明初官方修撰的《明集礼》包括朝贡（下分为藩王朝贡和藩使朝贡两种礼仪）、遣使（即明朝中央政府派遣使者至藩国）两大体系。明朝设会同四夷馆，负责接待藩国及外邦使节。

清朝官方修撰的《清通礼》变革明礼，重新将宾礼分为外国朝贡礼和臣庶相见礼二元体系。具体包括：宗室外藩亲王相见礼、宗室外藩郡王相见礼、宗室外藩贝勒相见礼、宗室外藩贝子公子相见礼、京官敌体相见礼、京师属官见长官礼、国学师弟子相见礼、直省官敌体相见礼、直省文官见长官礼、直省武职见长官礼、士宾友相见礼、受业弟子见师长礼、卑幼见尊长礼等。

清初，某些地区，如蒙古喀尔喀、西藏、青海等及周边一些国家，如朝鲜、安南、缅甸等国，愿意臣服中国，因而被清朝统治者列为所谓的"藩服"。清朝中央政府设置理藩院、主客司，分别处理与上述地区、国家交往事宜。与这些国家、地区来往的礼仪，即被纳入宾礼范畴。宾礼具体包括藩国通礼、山海诸国朝贡礼、敕封藩服礼等礼仪。由于清初统治者视外邦为不开化的夷狄之属，外邦君主或使者来华，自然就是向化、归顺中国。因而，所谓的藩国通礼，清朝最高统治者并不亲自去拜访上述列入"藩服"诸国，而是或由清朝皇帝派遣使者前往某国"诏喻"，或"藩服"诸国君主、使者朝贡清朝皇帝。藩国朝贡礼、敕封藩服礼（即清朝皇帝赐封附属国君主、王室成员荣誉称号的礼仪），生动地体现出清朝以"天朝上国"自居的心态。

随着欧洲列强的崛起，清朝与欧洲某些国家的来往日益频繁，宾礼的形式也相应地发生了变化。最初，中国传统的跪拜皇帝礼仪与欧洲交际礼仪可以变通，混杂并用。乾隆末，英国使臣马戛尔尼抵华。双方围绕究竟是用中国传统的跪拜礼，还是欧洲交际礼觐见清朝皇帝，发生了激烈争执。最后经协商，由乾隆皇帝颁布特旨，采用西礼行礼。

鸦片战争后，清朝国力日衰。与英、法、美、俄等列强发生冲突时，清朝统治者又往往屈膝求和，签订了一系列丧权辱国的不平等条约。因而，西方列强使节凭借强大实力，在交往使用礼仪问题上，态度日益强硬。咸丰、同治两朝，清廷与各国来华使节都为入觐礼仪采用华礼、西礼的问题而屡屡发生争执。同治十二年（公元 1873 年），日、俄、美、英、法、荷等国使臣联合向清朝皇帝呈递国书。他们要求采用西礼，特别是采用西方国家官员觐见君主的三鞠躬礼行礼。清朝一些大臣激烈反对这一提议，李鸿章力排众议，主张应遵循"礼与时变通""酌时势权宜"而制礼的原则，大致接受西方使节的要求。经过磋商，最终，上述国家的使节改用五鞠躬之礼，觐见清朝皇帝。皇帝接见外国使节，赐予茶、酒，以示恩自上出。这表明，中、外双方各有变通，采取了一种折中的行礼方案。此后，外国使节觐见清帝，行五鞠躬礼，成为定例。

四、"同邦国"的军礼

军礼是指军旅操演、征伐叛逆不服者等与军事活动有密切关系的诸礼仪的总称。

军礼起源甚早，据考古发现的甲骨文有关记载表明，商朝时，已经实行君主郊迎凯旋的军队，在宗庙、社等祭祀神灵的场所，举行献俘告捷的礼仪。这说明，至少在商朝，已经制定、实行与军旅相关的礼仪。

西周时，军礼已经比较系统、成熟。主要可以分为大师、大均、大田、大役、大封五种类型。

"大师之礼"，指天子或诸侯征伐时所行之礼，包括宗庙谋议、命将出师、凯旋献俘等活动。

"大均之礼"，指天子在王畿内、诸侯国国君在封国统计户口以平均赋税之礼。

"大田之礼"，指天子与诸侯、贵族定期举行狩猎时所行之礼。所谓的狩猎，并非单纯的娱乐嬉戏，而是通过打猎这一方式，进行军事演练兼检阅军队，以向世人宣示军威。

"大役之礼"，指统治者发起各种大型营建工程，如修筑宫殿城邑时所行之礼。

"大封之礼"，指勘定封地之间疆界时所行之礼。

上述五种军礼中，从表面上看，似仅有大师礼与军事活动密切相关，而其他诸礼，就其涉及具体事务而言，实则属于国家行政事务，似与军礼无关。实则由于这些事务或需要军事力量的参与、支持、配合，如帝王举行的田猎礼，就涉及参与田猎活动的军队的调动、指挥、配合等军事行为。或为军事行动提供不可或缺的支撑保障，如军赋的征收，便捷发达的交通道路、固若金汤的城邑堡垒之修筑，实为军队后勤保障、行军作战不可缺失之环节，故一并归入军礼体系。随着时代的发展，某些旧礼逐渐被淘汰，某些新礼又源源不断地被制定、纳入军礼体系。因其类型繁多，难以一一备述，仅择其重要者，如征伐、讲武、田猎等加以论述。

1. 征伐

征伐，是指派遣军队进攻敌人、镇压叛乱的军事行为。大致可以分为帝王亲征和命将出征两大类型。

帝王亲征是军礼中规格最高，因而也是礼仪最为繁缛的军事礼仪行为。夏、商、周三代，军政合一、兵民合一，君主既是国家最高领袖，也是军队最高统帅，所以爆发战争时，君主往往亲执干戈，驰骋疆场。春秋战国时，由于战争规模的不断扩大，军事行为的日益专门化、职业化，促使军、政逐渐分离，由此也形成了一个专门以战争为业的阶层或集团——常备军和职业武官。许多战争，逐渐由君主任命的军事将领为统帅，负责战役的策划、准备、指挥、完成。即便如此，古代中国历代也多有帝王亲征组织、指挥、完成具有重大意义的战争的事例。

据《礼记·王制》记载，先秦天子亲征时，要举行"类乎上帝，宜乎社，造乎祢，祃于所征之地，受命于祖，受成于学"等一系列祭祀活动：

"类乎上帝"，就是祭祀天神之礼，就是在郊外举行的祭天之礼。祭天时要焚柴燔燎牺牲、玉币等，将征伐之事报告上帝，以便获得上帝的允准和庇佑，出师征伐敌人。这在历代出师的诏书文告中，往往称之为"恭行天罚"。这意味着出师当在天帝的保佑下，战胜敌人，取得大捷。

祭社（土地神），谓之"宜"，在坎中瘗埋玉币牲犊。此处的"社"，指太社。社稷不仅是国家的象征，社神是国家的保护神，而且社神主地，属阴性，掌管杀伐。故出征前祭社神，就具有兼祭土地神、战争神的双重含义。后代多同时举行祭社（本国土地神）、祭地（与天相对而言的大地之神）、祭山川湖海之礼。

祭祖，谓之"造"。造，告祭。祢，虽本意为父庙，但实际上不仅仅限于祭告父庙，而是要遍祭历代祖先宗庙。与出师有关的一些重大事务，还要在祖庙中进行占卜，以决吉凶。举行告庙祭礼，有子孙不敢自专、一切受命于祖先的象征意义。除告庙祭祀外，军队出发时，还要将太社中供奉的社主、太庙中供奉的历代祖先神主取出，各置于一辆斋车中（又称"主车"），随军同行。迁出随行的社主，谓之"军社"。迁出随行的宗庙祖先神主，谓之"祖"，或谓之"行主"。行军途中，每至一地扎营，都要先祭祀社主、行主，然后才能休息。据史书记载，周武王起兵伐纣时，即载文王木主同行。

祃祭，指到达作战地点后，举行的祭祀战神之礼。文献中关于战神的记载不一，有人认为是轩辕黄帝，有人认为是蚩尤。举行祭礼时，要杀牲，以牲血涂抹军旗、战鼓，谓之"衅"旗鼓。由于后人称军中大旗为"牙旗"，所以也称"祃祭"为"祃牙"，就是祭牙旗。东汉以后，军队出征前常有"建牙"仪式，树起大旗，然后"祃牙"。唐、宋以后，实行六纛（dào）之制。祃祭既要祭牙旗，也要祭六纛。祭祀仪式包括建坛位、张帷幄、设旗纛神位、掘坎埋瘗牺牲等，礼仪更加复杂。除祭祀战神、旗纛外，后世还增加了祭祀兵器等神灵的内容。如明代专门修建有旗纛庙，其中祭祀的神灵有旗头大将、六纛大神、五方旗之神、主宰战船正神、金鼓角铳炮之神、弓弩飞枪飞石之神、阵前阵后神、五猖神等。

祭神礼毕，出征时或战前，还要举行一项重要的礼仪——誓师礼。誓师典礼，一般是将出征作战的目的、意义告知将士，揭露敌人的罪恶，鼓舞士气，强调纪律与作风，指出战争进行时需注意的战略战术问题，颁布胜利后赏赐的内容与方式等。《尚书》收录的《甘誓》《汤誓》《牧誓》《费誓》等，都是上古著名的誓师之辞。

战争胜利结束后，要举行一系列礼仪，包括凯旋、郊劳、于太社太庙告祭神灵、献捷、献俘、饮至、赏赐等内容。军队获胜归国，沿途要高奏凯乐，高唱凯歌，谓之"凯旋"。天子亲征凯旋，返回京师，大臣都要出城迎接，有时远迎至数十里之外。如果是将领出征凯旋，皇帝会亲率百官，或派遣大臣出城至郊外迎接，以示慰劳，谓之"郊劳"。然后将出师时迁出随行的社主、庙主，分别奉还太社、太庙，同时举行祭祀天地祖先神灵的礼仪。然后在太庙举行献捷、献俘之礼，即向神灵汇报获胜消息，献上捕捉的战俘及缴获的战利品。

与献俘礼性质、仪节大略相近，但又有细微差异的是所谓受降礼。之所以说其有细微差异，或是因为献俘礼仪场合下的战俘，是战败后被活捉的敌方君主将帅。受降礼仪场合下的战俘，则是因判断亡国败局已无可挽回，故主动投降战胜方的敌方君主将帅。若就实质而言，二者并没有明显差异，行礼场合使用的都是敌方因战争失败而被捕捉的战俘。或许正因为二礼的界限比较模糊，故历代官修礼典对二礼的规定，或详或略。历代对二礼的实施，或忽略，或重视。如唐朝在太庙中举行献俘礼，而受降礼基本被忽略。宋则既注重献俘礼，也注重受降礼。

宋徽宗政和初,诏令议礼局专门制定《受降仪》,后来修撰的《政和五礼新仪》的"军礼"部分,还专门设有"皇帝御楼受藩王降仪"。明、清二朝官修礼典《明集礼》《清通礼》中,却仅制定有献俘礼,而无受降礼。饶有趣味的是,清朝官修《明史》,及民国时人撰写的《清史稿》的《礼志》所载"军礼"中,皆将受降礼单独列出,与奏凯礼、献俘礼共同构成"军礼"。

中国古代献捷的重要方式之一,就是实行"露布"制度。"露布"一词,出现于东汉人撰写的文献中,本意是指不加缄封,也就是可以正大光明地公之于众,没有什么隐私或秘密可言的官方文书。北魏时,每当攻战克捷,就在缣帛上写明大捷喜讯,将其悬挂在漆竿上,公之于众,以使天下遍知,谓之"露布"。这种制度后来被广泛采用,"露布"就成为"布于四海,露之耳目"的"献捷之书"。隋文帝诏令牛弘、裴政等人,制定"宣露布"礼。这一制度被后来历代所沿袭,唐代《开元礼》、北宋《太常因革礼》等官修礼典,历代官修正史《礼志》中,皆有"宣露布"礼制定和实施的内容。

战争胜利结束,将士凯旋后,天子还要在宗庙中举行宴享功臣、论功行赏的礼仪。先秦时人将这种"享有功于祖庙,舍爵策勋"的礼仪,称为"饮至"。《小盂鼎》铭文记载,盂得胜而回后,周王用酒为他庆功,并赏赐盂弓矢、干戈、甲胄等物。后代大致皆沿袭此礼,具体举行地点、仪节、内容略有不同。

战败也有一定的礼仪。如果军队失利,谓之"师不功",或称为"军有忧"。将士们要偃旗息鼓,帝王和大臣们要身穿丧服,头戴丧冠,迎师时要失声痛哭,吊唁、慰问、抚恤死伤的将士。

如果失利主要是由将帅违背节度、临阵退缩等原因所致，则要对违纪者实行相应的惩处。春秋时，秦穆公不顾大臣们的谏阻，一意孤行，派军队偷袭郑国。因郑国已有准备，不得不返回秦国，途中遭到晋军截击，秦军全军覆灭，唯有三名统帅被晋国俘虏后，又被释放。秦穆公身穿丧服，亲自至郊外迎接三人，主动承担战败的主要责任。

2．讲武

讲武，又称"大阅""治兵"，是中国古代帝王检阅、训练军队的一种礼仪。若天子亲临，则称为"亲讲武"。军队定时检阅、操练，可以保持、增强军队的战斗力，以备不虞。

据《周礼》《礼记》等礼书记载，先秦时，已经有系统的每年四季操阅训练军队之礼：

中（仲）春（农历二月）讲武的内容，主要是训练将士们行军布阵，辨别鼓、铎、镯、铙等军乐器之用途。

中（仲）夏（农历五月）讲武的内容很广泛，主要包括：训练将士们在野外除草宿营，辨别各级指挥员、各行政区域不同的名号标徽以免混乱，计算战车将士的数量，将军器等军事物资详细地登录于簿书等。

中（仲）秋（农历八月）讲武的内容主要包括：训练将士们如何行军作战，辨别标明各级指挥员的职务、名号，用来指挥作战的各种旗帜的内容、用途，以保证实战时军队的调动，行动协调、统一。

中（仲）冬（农历十一月），举行大阅。在一年四季的军训中，以中（仲）冬大阅规模最大。这主要是由于自先秦时起，古代中国就是一个以农为本的国家。在其他季节进行大规模的军训，难免会妨碍农事，影响生产。而中（仲）冬，农作物已基本收获完毕，已为农闲季节，故于此时举行大规模的军事演练，训练将士们的实战技能。

西汉时，立秋后郊礼完毕，即举行大阅。每年十月，实行所谓"都试"之法，即将士们演习骑、射、车、御等各种作战技能，并进行比试考核。地方郡、县则由当地军事长官组织演习、考核。汉武帝元狩三年（公元前120年），开凿昆明池（今陕西西安西南斗门镇东南），训练水军，这是文献中第一次凿池演习水师的明确记载。东汉初，为加强皇帝集权，消除地方长官利用武力叛乱、分裂，光武帝取消郡、县各级军事长官，裁减地方军，地方的"都试"之法便同时废止。京师洛阳的演武校阅，每年仍按时举行。

北魏文成帝和平三年（公元462年），对大阅礼进行了较大的调整。变化主要体现在，改变过去参演全军协同演练的传统模式，把参演军队分为南、北二军，进行对抗性的演习。演习既训练将士们对各种器械的使用，也排练有关阵法。这种对抗演习虽仍是表演成分居多，但与实战相近，能使受训官兵更好地适应、熟悉实战，减少战场上的盲动失措，切实增强军队的战斗力。

唐朝前期盛世局面的缔造，与保持强大的武力有密切关系。因而，唐朝前期的统治者对校阅礼颇为重视，每年仲冬之月，都会在都门外举行校阅礼。皇帝以下，文武九品以上官员皆前往，各州郡及藩邦使者，亦可参观，百姓也可在校场之外自由观看。参演全军分为步兵、骑兵两大兵种，各自分为两军，既进行模拟对抗式演练，也对参演官兵的各项军事技能进行演练、考核。"安史之乱"后，藩镇割据混战、宦官专权、朝臣党争不已、外族屡屡入侵，内忧外患接踵而至，唐朝统治者就再也无暇无力举行盛大的校阅礼了。

此后，宋元明清诸王朝都非常重视军队的演练，都在汉唐校阅礼的基础上制定了大致相似的讲武阅兵之礼。

3．田猎

田猎，即狩猎，是先秦时期为贵族制定的融娱乐、军事训练于一体的一种礼仪。考古发现的商朝甲骨文有关记载表明，商朝时贵族频繁举行大规模的田猎活动，除娱乐外，还带有明显的军事演练性质。《史记·殷本纪》记载，商王武乙残暴无道，藐视天神，后来在河渭之间田猎时，被天神用暴雷震死。

西周时，每年四季的讲武礼后，都举行田猎礼，分别称为春蒐、夏苗、秋狝、冬狩。其中，尤以冬狩规模最大。

按照礼书有关记载，田猎时要遵循相关礼法：不捕捉射杀幼兽，不采鸟卵，不射杀怀孕的母兽，要围而不合，留有余地，不能焚山而猎、竭泽而渔。这些礼法，与我们今天大力提倡的保护野生动物资源，维持自然界生态平衡，竟多有不谋而合、异曲同工之处。

中国古代历代统治者多制定、实行田猎礼。这一礼仪虽在强健贵族们的体魄、使将士们娴熟地掌握军事技能方面，确有不可替代的重要作用，但因此而荒怠政务、劳民伤财、妨害国计民生，却也史不乏载。汉代著名文学家司马相如曾撰写《上林赋》，描述了天子园囿的豪华广大及天子出猎时前呼后拥的盛大壮观场面，委婉地讽喻了皇帝不宜过度沉溺于享乐。

金、元时期，因女真、蒙古民族惯于马上骑射，故田猎之风尤盛，国家设有"打捕鹰坊"，作为专司田猎活动的官署。自皇帝至王公贵族，皆豢养有"昔宝赤"，即"鹰人"，平时负责饲养、调教鹰隼。田猎时，放纵鹰隼捕捉飞禽走兽。大规模合围狩猎时，往往数万骑纵横驰骋，对农业生产及百姓的日常生活皆造成极大的危害。

清朝的田猎礼——"木兰秋狝"，堪称中国古代有效的融政治、军事、娱乐于一体的典范。木兰，地名，位于今河北承德以北的内蒙古自治区的围场县。木兰为满语音译，原意是仿鹿鸣之声吹哨，引诱鹿群前来加以捕杀之。康熙二十年（公元1681年），康熙帝出巡经过此地时，有感于此地的草木茂盛，

木兰秋狝图（局部）

野生动物出没频繁，地势开阔，于是进行勘察，划出约一万平方公里的土地，设立围场。围场东西、南北长均约三百里，四周重要隘口处，均设有木栅栏和柳条边，沿边设置有卡伦（哨所）40余座。

木兰秋狝礼一般在每年农历八月举行。皇帝在离京前一天，派遣官员告祭祖庙。至围场后，皇帝与随行的贵族、官员、将士均在野外搭建帐篷宿营。皇帝所处的黄色帐幕，位于行营的中心。围猎开始后，如同作战一样，严明军纪。将士们的举动，皆要中规中矩、前后有序。秋狝礼毕，行猎者校点猎物，满载而归。举行秋狝礼时，内蒙古各旗、外蒙古喀尔喀四部及青海新疆等各部的王公贵族，皆不远万里前来朝觐清朝皇帝，参加秋狝礼。清朝皇帝则设盛大宴会，依尊卑长幼之序，盛情款待众王公。通过秋狝礼，清朝统治者不仅满足了享乐之需要，操练、检验了满族贵族子弟的军事技能，而且通过这一方式，既密切了与周边各部（族）的融洽关系，盛大军容武功的炫耀，又可以有效地消除某些部族反叛、分裂的异心，宣示了清朝统治者对他们拥有不容置疑的统治权。

不过，清朝中期以后，皇帝宗室、八旗贵族子弟多沉溺于声色犬马，"木兰秋狝"也逐渐沦落为单纯的娱乐项目，甚至成为清朝统治者自欺欺人的遮羞布。咸丰十年（公元1860年）9月，英法联军逼近北京，作为最高统治者的咸丰帝，不思谋御敌之策，反而率子弟妃嫔文武官员，以"木兰秋狝"为名，仓皇逃窜至热河避难，致使北京沦落敌手，惨遭浩劫。

五、"亲万民"的嘉礼

嘉礼是和合人际关系,沟通、联络感情的庆贺性的礼仪。《周礼·春官·大宗伯》记述嘉礼的类型和功能说:"以嘉礼亲万民。以饮食之礼,亲宗族兄弟。以昏冠之礼,亲成男女。以宾射之礼,亲故旧朋友。以飨燕之礼,亲四方之宾客。以脤膰之礼,亲兄弟之国。以贺庆之礼,亲异姓之国。"这些礼仪都在吉祥、欢乐的气氛中进行,因而称为嘉礼。

秦汉以后,嘉礼的内容有较大的调整和变化。唐朝官方修撰礼典《大唐开元礼》中,嘉礼40卷,包括50种具体礼仪,主要有:皇帝、皇太子、亲王加冠礼,皇帝纳后礼,皇太子、亲王纳妃礼,皇帝、皇后、皇太子受子弟礼,臣僚朝贺礼,公主出嫁礼,皇帝养老礼,皇帝册命皇后、皇太子、亲王、大臣礼,皇太子与师、傅相见礼,品官及其子婚、冠礼,乡饮酒礼,遣使出使诸藩国、巡视诸州礼等。北宋欧阳修等修撰的《太常因革礼》,嘉礼9卷,具体礼仪17项。宋徽宗时修撰的《政和五礼新仪》,嘉礼42卷,具体礼仪30项。明初修撰的《明集礼》,嘉礼13卷。清朝乾隆年间修撰的《清通礼》,嘉礼22卷。宋、元、明、清历代官修礼典和正史《礼志》所载嘉礼内容虽互有增减,但大致皆包括冠礼、婚礼、乡饮酒礼及某些宫廷礼仪。冠礼、婚礼、乡饮酒礼、帝王养老礼,将在下文传统家礼、传统交际礼中加以论述。这里只对嘉礼中较重要之国礼,如帝王登基改元礼、朝礼、册封礼,加以阐述。

1. 登基改元礼

登基，也称登极，是古代中国帝王即位之礼。除极少数帝王因被废黜，或其他原因暂时失位，而后又复辟外，登基礼是古代中国绝大多数帝王一生只举行一次的重要典礼。儒家经典《尚书》中的《顾命》《康诰》篇，详细记载了西周成王去世后，康王告殡宫而即位的礼仪，这是迄今传世文献中帝王即位礼仪的最早记载。自汉迄清，历代皇帝即位，皆举行规模浩大、礼仪繁琐的登基礼。历代礼仪虽有损益变化，但总的来说，大致都包括祭祀天地、宗庙、社稷，接受臣民拜贺，颁发即位诏书，向天下诏告即位、改元、赏赐、大赦诸礼仪。

改元，指中国古代帝王即位时（或在位期间）改换年号。先秦时，以王即位的年数来纪年，即位的第一年称为元年。中国历史有确切纪元记载的是西周共和元年，即公元前841年。西汉初沿用先秦纪年传统，以皇帝名号加在位年数来纪年。只是在公元前163年，汉文帝刘恒改纪年号为"后元"。这一做法被他的儿子汉景帝刘启沿用。公元前149年，汉景帝改纪年号为"中元"。公元前143年，刘启又改纪年号为"后元"。这实际上开启了汉武帝设置年号的先声。公元前116年，汉武帝即位已有25年，大臣上奏，认为纪年应以天降祥瑞命名，使用元年、二年、三年的纪年方法不合礼仪。汉武帝采纳了这一建议，定此年号为"元鼎"。自公元前140年至公元前116年，每六年改一次年号，分别追加"建元""元光""元朔""元狩"诸年号。自此以后，皇帝在位时，为某种祥瑞，或是为纪念某一事件，可以数次改变年号。如中国古代历史上唯一的女皇帝武则天，在帝位 15 年，先后改了 13 个年号。也可以一生只用一个年号，如唐太宗，即位后至去世时，仅有"贞观"一个年号。清朝诸帝，在位期间，不改年号，如顺治、康熙、乾隆、光绪等。新帝即位，必须改变年号，以示更新之意。

除推翻旧政权，建立新政权，新帝可立即改元外，一般来说，继嗣之君改先帝年号，应在即位后的第二年。但也有例外。如章武三年（公元 223 年）四月，刘备卒。五月，后主刘禅即位，立即改元建兴。太熙元年（公元 290 年）四月己酉，晋武帝司马炎卒。晋惠帝司马衷当天即位，就改元永熙。这在古人看来，都是乖违旧典，贻笑后人的非礼之举。

2．常朝礼

朝，其本意是泛指人们聚会相见。后来，朝演变成为专指臣僚拜见君主，故《尔雅》说："臣见君曰朝。"从语源学的角度上说，"朝"得名于上朝议政的时间。因为天子和大臣们通常在早晨入宫处理政事。由于中国古代臣僚通常于鸡鸣天明时入朝，拜揖君王，然后商议、处理政事，故亦称"早朝"。

"常朝"是朝会中最为普遍、最为规范、定期举行、行政效能最高的政治活动。在"常朝"活动中，按规定范围与会的臣子到朝廷觐见皇帝，奏请军政要务。由于这种朝会活动经常或定期举行，因而后世人们又称之为"常朝"。

周代天子的宫寝建筑格局按制度规定为五门五院。五门由外向内依次为皋门、库门、雉门、应门和路门，相应的也将宫殿分成了五个院落。这种布局使天子之朝分为"内朝"（路门以内，亦称燕朝）、"治朝"（路门以外）和"外朝"（皋门内、库门外），这就是所谓的"三朝"制度。同时还规定诸侯的宫殿有三门：库门、雉门和路门，这样诸侯们也相应地有了"三朝"制度。按照礼制的规定，天子和诸侯应该在外朝处理民事，在内朝举行祭祀活动。后来内朝又演变为天子退朝后召集大臣们密商国事的场所。而治朝则是天子每天听政之处，相当于后世君臣们议事的常朝处所。凡是国家军政大事，都由君主与臣子们在这种朝会上决定。常朝制度从此诞生。周代百官每日皆朝。后世相沿，成早朝之制。

秦汉时，皇帝多与公卿大臣朝议决事。汉初叔孙通制定的朝仪是：群臣平明前按官位尊卑依次入殿，入殿时应趋行，以示对皇帝的尊敬。门廷中陈列车骑戍卫，设仪仗旗帜。功臣、列侯、将军、军吏立于西方，东向。丞相以下众文官立于东方，西向。大行（掌宾客礼）设九宾传告，皇帝乘辇出房，百官执戟传警。皇帝南面就座，诸侯王以下按品秩高下，依次跪拜行礼。地节二年（公元前68年），汉宣帝规定，每五天一朝，丞相以下各奏本职事务。重大或疑难事务，多由皇帝与众大臣当朝协商、辩论，最后由皇帝做出裁断。这一制度大致为后代所沿用。

三国魏时，皇帝于每月朔（初一）、望（十五）听朝，公卿向皇帝奏报重大或疑难政事，皇帝与众大臣协商、论辩，做出合宜的裁断。晋代举行朔、望朝礼时，皇帝常常不亲临朝堂与群臣协商，而是由众公卿会集，议论政事得失，再向皇帝禀告协商结果、处理问题的初步方案，最后由皇帝裁断。北魏孝文帝时，改早朝为日中之朝。日中之前，由大臣讨论政事。日中时，皇帝入朝，与大臣共议国是，最后由皇帝进行裁决。

唐朝对朝礼进行了若干改革。一是唐初遵循传统，实行每日常朝和每月朔、望朝礼。常朝时，皇帝在两仪殿会见众臣僚，协商、裁决政事。朔、望朝时，皇帝则在太极殿听政。贞观十三年，因天下太平，政简事少，所以每日常朝礼被取消，代之以每三日举行一次朝礼，后来又改为每五日一朝。唐末，又改朝礼为每月逢一、五、九日在延英殿朝参，计每月九次。若有紧要公事，由中书门下具奏，随时于延英殿朝参，不受时日限制。二是参加朝礼的官员，按品秩高低，朝见的时间、频率各不相同。据史书记载，文、武官职事九品以上，朔、望朝参。文官五品及监察御史、员外郎、太常博士等官员，每日朝参，谓之"常参官"。三品以上的武官，每三日朝参一次，每月共朝参九次，故称"九参官"。五品以上的武官，每五日朝参一次，每月共朝参六次，故称"六参官"。

宋代大致沿袭唐礼，常朝除早朝外，还有五日朝、朔望朝等。举行朝礼时，百官依品秩入朝参见皇帝、议论朝政。宋神宗元丰年间规定：宰相，吏、户、礼、兵、刑、工六部尚书，侍郎，翰林学士等重臣，每日在垂拱殿朝参，称为"常参官"。其他文武官员每五日朝见紫宸殿，称为"六参官"。其余在京朝官每月朔、望朝参，称为"朔参官""望参官"。

明代朝礼既有沿袭古礼之处，也不乏变革之处。变革主要体现在：一是实行牙牌制度。洪武十一年（公元1378年），明太祖朱元璋向朝臣颁发刻有官称的象牙小牌，朝臣朝参时必须随身佩带。不佩带者，门卫有权拒之宫门外。若私下出借，按律论罪。官员死后，牙牌须交回内府。二是实行赐座制度。洪武时，臣僚朝参行礼后，皇帝对一些位尊、德高、年迈的官员，赐予座位，座次依品秩高低排列。三是取消赐食制度。洪武二十八年（公元1395年），朱元璋因为职官众多，取消朝参后的赐食制度。四是每年正月实行节日放假制度。永乐初，规定自正月十一日起，放假十天，百官朝参不奏事。弘治元年（公元1488年），明孝宗朱祐堂规定自正月初一至十五日放假，皇帝不视朝。

明代朝礼类型繁多，有每日二朝（早朝、午朝）之礼，也有每日三朝（早朝、午朝、晚朝）之礼。无论是皇帝，还是朝参官员，往往苦不堪言，以致有的皇帝往往以某种借口，取消朝礼。万历皇帝年幼时，因首辅张居正严格督促，尚能循规蹈矩，坚持不懈。亲政后，他逐渐有所懈怠，时或编造借口，推迟或取消朝礼。在立后、立嗣等问题上，万历皇帝与朝臣发生多次尖锐冲突后，索性赌气数十年不举行朝礼。

清初实行每五日一视朝之礼，后改为逢五视朝，一月三朝（农历每月初五、十五、二十五）。自顺治二年（公元1645年）开始，皇帝时或前往乾清门听政，处理政务。康熙六年（公元1667年），康熙帝在太和殿视朝结束后，又至乾清门听政，以后遂为常制。雍正时，正式确定乾清门听政之礼。在乾隆年间修撰的《清通礼》中，专门制定有"御门听政"的礼文。

3. 朝贺礼

朝贺礼是在某些节日（一般为元旦、冬至日）举行的礼节性的庆贺活动。其礼仪规格高于常朝礼，规模浩大的朝贺礼，谓之大朝会。

公元前 221 年，秦统一中国，规定每年十月（秦历以十月为岁首）初一日举行朝贺礼。西汉初沿用秦制，于每年十月举行朝贺礼。汉武帝时恢复正月为岁首的传统，于每年正月举行朝贺礼。举行朝贺礼时，诸侯王及群臣按照爵位、品秩依次朝拜皇帝，向皇帝奉献贺礼：诸侯王、列侯以玉璧为挚，二千石官员以羔为挚，千石以下官员则分别以雁或雉为挚。朝贺礼后，皇帝设宴招待众臣，王公官员们依尊卑次第向皇帝祝酒。东汉时，朝贺礼后，皇帝宴飨百官。宴会进行过程中，还有音乐、舞蹈、杂技百戏表演，以佐酒兴，增加欢愉气氛。两汉举行朝贺礼时，还要举行"上计"，即考核地方官员政绩，决定其迁降黜免。各郡、国设有专门官员，称为"计吏"或"上计使者"，于朝贺礼时，负责向皇帝汇报本地当年行政、财政事务，接受考核。这一制度为而后历代所沿袭。

魏晋南北朝时期，岁首正月元旦举行朝会，称为"元会"或"正会"，是国家最隆重的庆典。冬至朝会，则被称为"小会"或"冬会"。

唐朝于每年的元旦、冬至分别举行两次朝会礼，合称"正至"。举行元旦朝会礼时，王公群臣各司其职：皇太子献寿，中书令奏诸州上表，黄门侍郎奏祥瑞，户部尚书奏诸州贡赋，礼部尚书奏诸藩国贡献，百官上殿高呼万岁，然后演奏乐舞。朝贺毕，皇帝宴飨群臣。

宋代增加了举行朝贺礼的时日，即除元旦、冬至外，每年五月初一和皇帝的诞辰日，也举行大朝会之礼。南宋绍兴初，因高宗的父亲徽宗、兄长钦宗被金兵掳掠至北方，元旦举行朝贺礼时，高宗赵构自己不受朝贺，而是率百官遥拜二帝，直至绍兴十五年（公元1145年）才恢复朝贺之礼。

元初，民族矛盾、阶级矛盾尖锐，战乱频仍，蒙、汉文化也尚处于融合进程中，诸多事务多依蒙古族旧俗断决。每遇喜庆之事，臣庶皆会集大汗帐前，无尊卑贵贱上下长幼之别，嘈杂喧哗。为保持肃静，执法官甚至挥舞木杖，击打、驱逐前来朝贺者。有的人被驱赶走后，为讨好大汗，竟然不顾刚才尊严扫地，数次去而复返。直至至元八年（公元1271年），元朝统治者才参用汉礼，制定朝贺礼仪。

清太祖努尔哈赤天命元年（公元1616年）才制定、实行元旦庆贺礼。顺治八年（公元1651年），正式确定元旦、冬至、大庆（皇帝诞辰）为"三大节"，王公宗室、文武官员于此三节日行朝贺礼。

4．册封礼

册封，又称册命、锡命，是西周时制定、实行的由帝王将名号、爵号、封土等名誉、物品或土地授予宗室、后妃、功臣等的一种礼仪。西周时，若举行册封礼，必在宗庙中，以示由祖先听闻裁断、子孙不敢自专独行之意。君主面向南，立于阼阶之南。受封之人则面北而立。史官执策书（记载王册命的文书），宣读册命。受封者行稽首拜礼，以示感谢。受封者接受册书，返回家后，要在宗庙中祭拜祖先。

秦汉以后，历代册封礼制更加规范。据《唐六典》记载，唐朝的册命礼主要用于册立皇后、册立皇太子、册命亲王、册命贤人功臣等。北宋以后，册命礼专门用于册封皇室成员，如册立（封）皇太后、皇太妃、皇后、皇太子、太子妃、亲王、公主等。册命礼仪节有简有繁，完全出于皇帝的心意。如宋太祖于建隆元年（公元960年）册立王氏为皇后，命礼官撰写册命文书，于正殿宣读。宗室、侍从近臣、地方州郡长官，皆要贡献礼品。礼毕，还要到宫城内东门向皇后奉笺庆贺。但宋真宗却公然违背祖宗成法，在册立刘氏为皇太后时，仅令学士草拟册命诏书后，交付中书省颁布实行。其余的宗室、群臣进贡、上表庆贺诸礼节，一概免除。

传统家礼略说

　　我国古代是一个家国同构的社会，国家政治与家庭生活都处于礼乐文化范式的制约之下。家庭是国家的细胞，家庭关系的和睦是国家安定和谐的基本保障。在儒家看来，家庭与国家的和睦、和谐与安定都需要礼乐文化来调节，因而国有国礼，家有家礼。无论是国礼还是家礼的理论基础都来源于"三礼"——《周礼》《仪礼》《礼记》。我国古代周秦以降的家礼当奠基于《礼记·内则》《孝经》与《孔子家语》的有关论述，后经南北朝时颜之推《颜氏家训》的发展，定型于宋代司马光的《书仪》《家范》和朱熹的《朱子家礼》。我国古代的家庭礼仪在形式上大致可分为生育礼、冠礼（笄礼）、婚礼、丧葬礼以及父子之礼、夫妻之礼、兄弟之礼与宗人之礼等。

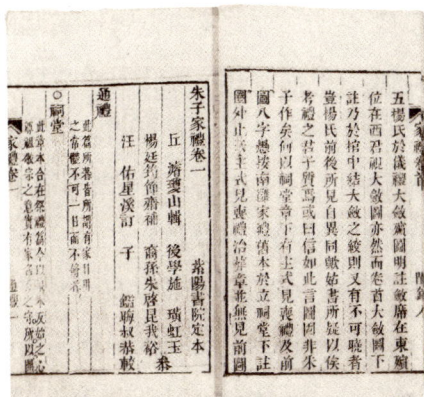

《朱子家礼》书影

一、生育礼

在古代中国的宗法社会里，繁衍后代、种族延续被视为每个人都不容推卸的神圣责任。孟子宣扬"不孝有三，无后为大"，古往今来为大多数中国人所熟稔。这一说法虽较为晚出，但重视子女生育的观念，则在远古社会时期即已萌生，在这一观念支配下，形成了形形色色的生育习俗。进入到文明社会后，对大多数社会阶层，尤其对贵族阶层而言，生子育女对于保持家族传承连绵不绝具有重要的意义，于是人们便制定了丰富多彩的生育礼。

考古发现的甲骨文有关记载表明，商朝时，已经形成比较系统的生育礼俗。如商朝已有祈子求生之礼，即商王就生育事，向商宗族几位先公先王之妣祷告、求卜。由于祈祷的对象主要集中于几位祖妣，因而有学者推测，她们或许已被商族人视为庇佑种族繁衍的生育女神。礼仪举行的时间，主要分布于二月、三月、四月，大抵皆为万物复苏生长的春季，似乎反映出商人已经萌生了将子嗣的祈求、生育，与自然界万物春季生长的自然规律相联系、感应的观念。甲骨卜辞中还有王为举行祈子礼后王妃是否受孕，以及怀孕后对预产期而进行占卜的记载。孩子诞生后的一个月之内，商朝人已有为子女取名之礼俗。

西周时，随着宗法制度的不断完善及其在政治、社会领域中的作用日显重要，贵族阶层的子嗣诞生之礼仪日益系统、繁缛。

据文献记载，西周时也盛行祈祷神灵以求子嗣的礼俗。贵族祭祀的神灵谓之"高禖"，也称"先禖"，职掌人的生育繁殖。

每年仲春二月，天子携带王后、妃嫔，以太牢祭祀"高禖"，并授予后妃们弓、矢。也有研究者认为，所谓"高禖"，外形为石柱，实则是男性生殖器的象征，对它的崇拜、祭祀，实际上是原始社会时期出现的对男根崇拜的延续。至于王授予后妃们弓、矢以射，或有祈求男孩的寓意。

王后、妃嫔怀孕后，应择日开始对尚处于母腹中的小生命进行调教，古人谓之胎教。其具体仪节是：王后自怀孕的第七个月（妃嫔自第三个月）起，至生育前的数月内，居住于专门为她准备的房间（《大戴礼记·保傅》谓之"宴室"，《礼记·内则》谓之"侧室"）内。太师、太宰、太卜及以下诸官各持本职器械，依官位尊卑高低，分别守护于户门左右、堂下、门内。在这期间，若王后要求太师演奏不合礼的邪声恶曲，那么，太师要以"没有练习""不熟悉"为借口，婉言拒绝。如果王后想吃不合礼仪要求的食物，太宰不能满足她的要求。这种女性怀孕期间的声音、食物禁忌，也多见于其他民族。

自临产月的初一，孕妇就要单独居住，直到孩子出生。这期间，丈夫每天都要派人问候起居所需及健康状况。孕妇临产时，丈夫要亲自问候。孩子出生后，若是男孩，就在门的左边悬挂一张木弓，谓之"弧"，象征这名男孩长大成人后能手持弓箭，保家卫国。若是女孩，则在门的右边悬挂一条佩巾，类似于现代人使用的手帕，谓之"帨"，象征这名女孩长大成人后，要勤于操持家务。《诗经·小雅·斯干》则记载，若生的是男孩，就将他放在床上，给他穿好衣裳，拿璋给他玩耍，谓之"弄璋"。璋，圭璋，是一种宝贵的玉器。西周时臣朝见王侯时，需执此为礼。使男婴玩璋，自然有希望他长大后为官的寓意。这一礼俗为后世沿袭，唐朝宰相李林甫为别人书写庆祝生子的贺信时，一时笔误，将"弄璋"写成"弄獐"。獐是一种小动物的名称。本来是贺喜的吉利话，却因笔误，而有骂人为畜生之嫌。因此，李林甫也被人们戏称为"弄獐宰相"。若生的是女孩，就把她放在地上，用包裹婴儿的包被包起来，用"瓦"，即古代妇女纺织时用的纺锤，作为她的玩具，谓之"弄瓦"，有培养女孩从小就勤于纺织的寓意。

新生儿出生后的第三天，要举行所谓的"接子"之礼。具体仪节因出生者的性别、地位而有所差异。《礼记·内则》记载，国君的太子出生，"接子"礼使用太牢，即以牛、羊、猪为牺牲。大夫的长子用少牢，即以羊和猪为牺牲。士的长子用一头猪，庶人的长子用一头小猪。若不是长子，使用的礼仪规格都要降一等。若是男孩，要举行射礼，用木弓射天地和四方，取男儿志在四方之意。新生儿若为天子的太子，在国都的南郊举行射礼。若为诸侯国国君之子，由卜选的一位士抱至寝室门前，由射人行射礼。若是女孩，则不举行任何仪式。在婴儿的抚养问题上，若为国君的太子，要通过占卜选择一名士的妻和一名大夫的妾来喂养。还要在宫中另选一室，作为抚育幼儿的地方。要选择性情柔和、善良慈惠、谨慎寡言的妇女作为他的老师、慈母和保母。其他人若无事，不能随意去此室，以保证孩子有一个优越的成长环境。

新生儿出生三个月后，要卜选一个吉利的日子，为他（她）剪发、命名。剪发时，无论是男婴还是女婴，头发都不能全部剪去，而是要留一部分头发，古人谓之"鬌（tuǒ）"。留哪部分头发，要由这名婴孩的性别来决定。男婴头顶两边的头发不剪，形如有角动物刚刚长出来的小犄角，故古人谓之"角"。女婴头顶上留纵、横各一道头发，相互通达，形如马络头，故谓之"羁"，也名"午达"。或者男婴留左边的头发，女婴留右边的头发。剪发完毕，就要举行给婴儿取名的礼仪。参与礼仪的相关人员一大早就要起来，沐浴更衣，按照天子太牢、诸侯少牢，大夫特豚，士特豚的等级规格，准备牲具。丈夫进入侧室，站立在上堂的东阶（阼阶）上，面朝西。妻子抱着婴儿从房中出来，站立在门楣处，面朝东。然后，父亲握着婴儿的右手，给他（她）取名。取完名后，婴儿的老师要把这个名字告知家族中所有女性亲属。婴儿的父亲把这个名字告诉宰（类似于后世的管家），宰把这个名字告知家族中所有男性亲属，然后书写"某年某月某日某生"，妥善收藏。宰将婴儿出生及所取的名字等相关信息，向闾史汇报。闾史将这些信息登记为两份文书，一份由闾府收藏备案，另一份上交给州史。州史将此文书禀告州伯，然后收藏于州府存档备案。这与今天婴儿出生后，必须要到辖区居委会、派出所申报户口，以备政府查核户口、掌握人口信息动态，是一脉相承的。

秦汉以后，历代的祈子诞育礼俗，既有沿袭古礼之处，也不乏与时俱进的变革和创新之处。历代统治者出于征发赋役的需要，社会各阶层，尤其是劳动者阶层，出于添丁以增加劳动力的需要，祈求子嗣繁育，这也是历代人们普遍的心理观念。在这一观念支配下，人们在祈子、孕妇保健、胎教等方面，沿袭以往礼俗的同时，又赋予了许多新的内容和形式。

魏晋南北朝时期祈子礼俗依然非常盛行，最主要的方式，则是祭祀形形色色的神灵，祈求赐予子嗣。这一时期，上自统治者，下至庶民，供奉的赐子神灵，主要有"高禖"、南斗星、九子母神等。魏晋南北朝时期的江南地区还形成了于婴儿诞生后进行"试儿"的礼俗。所谓"试儿"，就是我们今天所说的"抓周"。这种习俗的具体做法是：婴儿出生满一年后，为他（她）制作穿戴新衣裳，沐浴洁净。在他（她）面前堆放珍宝、衣服、食品等物品，若是男孩，加上弓矢、纸笔等武器、文具，若是女孩，就加上剪刀、尺子、针线等女红工具，由婴儿随意抓取。他（她）抓取的东西，就意味着他（她）的道德、智力水平以及长大成人后的人生命运。"试儿"礼毕，亲戚们欢聚一堂，共同庆贺。这一礼俗后世一直长盛不衰。只是历代称谓多不相同，有"周晬（zuì，古代称婴儿满一周岁）盘""拿周""拈周""试周""度晬"等称谓。

庆祝生日的礼俗在隋唐时期开始出现，而且规模越来越大，仪节越来越繁缛，并一直为后世所沿袭，传承至今。隋唐以前，文献中几乎不见有统治者乃至庶民庆祝生日的记载。公元603年，隋文帝颁布诏令，禁止国人在自己出生日这一天屠宰牲畜，借此表达对父母的思念之情。唐太宗也曾说，民间百姓于生日时喜乐宴会，这是不对的。因为出生日意味着父母为生育子女而备尝艰辛，此日举行宴乐活动，不合时宜。纵使如此，庆祝生日的礼俗还是在社会各阶层流传开来。至唐末，富豪之家庆祝生日更加排场，往往要耗费不赀，不仅置办筵席，款待亲朋好友，还要置办斋筵素食，邀请僧侣道士，同时还要召请表演者，表演百戏杂耍，场面非常热闹、隆重。也正是在这样一种社会习俗、风气的影响下，自唐玄宗开元十七年（公元 729 年）起，甚至将皇帝的出生日设置为全国性庆祝的节日。每逢诞节，政府各个部门、各个行业都要放假、歇业，从京师到地方，各地都要举行大规模的庆祝活动。皇帝也要在宫廷中大开宴会，与群臣同乐。

二、冠礼、笄礼（成年礼）

冠礼与笄礼分别是我国古代的男、女成丁礼，即成年礼。世界许多国家、地区、民族在氏族社会时期皆有形式不同的"成丁礼"。发育到一定年龄的青少年，只有通过本氏族的"成丁礼"，才会被视为本氏族的正式成员，享受应有的权利，履行应尽的义务。反之，就无法享受若干权利，如结婚、投票选举氏族领袖、食用某些只有成年人才可享用的食品等。与有些国家、地区、民族的"成丁礼"或采取容易毁伤人的肢体的方式，如棍棒击打、蚊虫叮咬、放血、烟火熏烤、以金属钩子穿进体内凌空悬吊、从悬崖上跳下等相比，中国自西周时期确立、实行的成年礼——冠礼与笄礼，就显得文质彬彬。

冠礼适用于天子、诸侯国国君、公、卿、大夫、士各社会阶层，各阶层达到一定年龄的青少年，唯有举行冠礼后，才能享有相应的权利，履行相应的义务。《仪礼·士冠礼》的首篇就是《士冠礼》，可见冠礼在古代礼仪中的重要性。《礼记·冠义》说："冠者，礼之始也。是故古者圣王重冠。"意谓冠礼是对人正式进行礼教的开始，因而自古以来，历代帝王都非常重视。

据《仪礼·士冠礼》记载，冠礼的仪式都在宗庙内举行，仪式非常繁琐。冠礼前十天内，先通过卜筮确定冠礼的日期，然后将冠礼日期告知亲友。在冠礼前三日，又用筮法选择主持冠礼的大宾，并选一位"赞冠"者协助冠礼仪式。行礼时，主人（一般是受冠者之父）、大宾及受冠者都穿礼服。举行加冠礼时，先给

加冠礼

受冠者加缁布冠，次授以皮弁，最后授以爵弁。爵弁为古代礼冠的一种，比冕次一级，形制如冕，但无旒。色如雀头，赤而微黑。每次加冠毕，皆由大宾对受冠者读祝辞。祝辞大意谓："在这美好吉祥的日子，给你加上成年人的服饰，请放弃你少年儿童的志趣，造就成年人的情操；保持威仪，培养美德；祝你万寿无疆，大福大禄。"然后，受冠者拜见其母。再由大宾为他取字。受冠者拜会亲人、尊长毕，主人用醴酒，以一献之礼，即一献、一酢、一酬酬谢正宾。主人先向宾敬酒，这一仪节称为"献"。宾用酒回敬主人，称为"酢"。主人先自饮，然后给宾斟酒劝饮，称为"酬"。

为表示对正宾的感谢，主人还要以五匹帛、两张鹿皮相赠。冠礼至此结束，正宾告辞，主人送到门外，再拜，并派人将醴宾用的牲肉送到正宾家中。然后，受冠者改服礼帽礼服去拜见国君，又执赞（野雉等）拜见乡大夫等。若父亲已殁，受冠者则需向父亲神主祭祀，表示在父亲前完成冠礼。祭后拜见伯、叔，然后飨食。

先秦时，女子也要举行成年礼，谓之笄礼。女子年过 15 岁如已许嫁订婚，就要结发而笄。结发就是将头发梳成发髻，盘在头顶，以区别童幼时期的发式。礼书中并无女子行笄礼的详细记载，梁代儒者贺玚说，女子笄礼与男子冠礼仪节大致相仿，所差异者，一在于礼仪规格有所降低，二是由主妇为笄者结发著笄，由女宾以酒醴礼之。女子举行笄礼后，意味着她已经成人，可以谈婚论嫁了。如果女子到 20 岁还未许嫁，也要举行笄礼，以示成人。

自秦汉至明清，在沿用先秦冠礼、笄礼若干仪节的同时，又多有变革之处。但作为嘉礼的冠礼，始终是国家礼典的一个重要组成部分，历代礼典中皆制定有皇帝、皇太子、亲王冠礼或详或略的仪节，历代儒者围绕冠礼也时有阐述、争辩，但不容否认的是，自秦汉时起，文献中关于士、庶阶层冠礼的记载，却相当疏略。这似乎从侧面反映出，这一时期，士、庶阶层冠礼或废而不行，或仪节较之先秦时期大为简略。唐代著名文学家柳宗元曾说过，数百年来，人们不复实行冠礼。宋代司马光也感叹说，冠礼废而不行，已经很久了。

有鉴于此，宋儒司马光、朱熹在其分别撰著的《书仪》《朱子家礼》中，皆大致依据《仪礼·士冠礼》有关仪节，参照以往历代冠礼制度，结合宋代具体情况，提出：不必拘泥古礼行冠礼的年龄限制，只要符合年龄在 12 岁至 20 岁，特别是 15 岁以上，读通《孝经》《论语》，粗略知晓礼义，父母没有需要服丧一年的亲属去世等条件的男子，皆可行冠礼。《书仪》《朱子家礼》制定的冠礼仪节大致如下：

（1）筮日——通过占卜选定冠礼日期；

（2）戒宾——选定并通知一位身份地位较高且知礼的亲友来主持冠礼；

（3）陈设器物——在庭堂布置冠礼需用的冠、服及盥洗器具等；

（4）迎宾升堂——迎接前来主持冠礼的主宾与其他赞礼者进门升堂；

（5）初加巾——由主宾为将冠者散开发髻加以梳理，并以束发巾加以约束；

（6）加冠——由主宾为将冠者戴上象征成人的帽子，并由冠者自行回房间脱去深衣，换上皂衫，佩上革带；

（7）加幞头（头巾）——由主宾再为冠者加上幞头（头巾）；

（8）宾醴冠者——由主宾向冠者敬酒；

（9）宾字冠者——由主宾为冠者取字；

（10）拜谒祠堂——由冠者主人（父亲）带领冠者去祠堂拜谒先祖；

（11）拜见尊长——在堂上拜见父母、伯叔等尊长；

（12）冠礼后，冠者还要外出拜见乡先生及父亲的挚友。

两宋之后，民间比较广泛、普遍地按照《书仪》《朱子家礼》制定的冠礼有关仪节行礼。明清时期，因朱熹之学盛行，朱熹撰定《朱子家礼》记载的冠礼仪节，大致为官绅阶层所遵循。对于庶民而言，则或有所简化。如商贾之家，于行礼之日，先在家中拜谒祖先、父母，次至公堂拜见尊长、同辈，尊长向冠者表达祝颂之辞，冠礼即可结束。财力稍乏之家，则请至亲一人，向祖先禀告家中子弟行冠礼之事即可。至于贫穷之家，无力备办繁缛礼仪，只是在祖先灵位前拜谒告知，即可草草了事。清中期以后，多移至娶妇前数日或前一日举行冠礼。

三、婚礼

在古代中国人的观念中，婚姻不仅仅是为满足性和感情的需要而实现的结合，而是缔结两个宗族（家族、家庭）的友好关系，是上承祖先，下衍后世的行为。因而，婚礼在古代中国礼俗体系中，被置于极其重要的地位。经过长期的历史发展，至西周时，逐渐形成、确立了一套婚礼制度。《仪礼·士昏礼》就详细地记载了这套繁杂的婚礼仪节。这套婚礼仪节共分纳采、问名、纳吉、纳征、请期、亲迎六部分，谓之"六礼"。

1. 纳采

纳采，即"纳采择之礼"，指男方派使者以雁为礼物，送到女方家中提亲。其实，纳采之前，男方先要行"下达"之礼，即男方派人到女方家提亲，向女方下达男方欲选择其家某女联姻之意。之所以名之为"下达"，隐含古代中国男尊女卑之现实。

女方许可后，男方才行纳采之礼。婚姻"六礼"中，除纳采外，问名、纳吉、请期、亲迎诸礼，男方也均用雁为礼物。对此，古人解释说，雁秋天南飞，春天北归，来去有时，不失时节，以此象征男、女双方成婚后会诚实守信、忠贞不渝、白头偕老。

2．问名

纳采礼毕，男方再派遣使者带一只雁为礼物到女方家询问待嫁女子的名字、生辰八字及其他相关信息。女方将相关信息一一写在帖子上交给使者带回男方家中，作为男方通过占卜确定婚配与否的依据。问名礼毕，女方要设宴款待使者。

3．纳吉

使者结束问名礼，返回男方家中后，将有关信息向主人禀告。男方家长即在祖庙中祭祀祖先，以龟甲占卜。若得吉兆，就派使者携雁至女方家告知，称为纳吉。婚礼之事，由此正式确定。若得凶兆，则无须行纳吉之礼。

4．纳征

又称纳币、纳成、纳财，后世俗谓之"彩礼"。男方派人向女方送聘礼，婚姻因此就具有不可悔改的约束力。之所以命名为纳征，就是取"征，成也"之意。币，本意为彩色丝线，后引申指用于祭祀或馈赠的丝织品，即帛。后世俗谓"彩礼"，即源于此。据《仪礼·士昏礼》记载，周代聘礼为一束（五两）帛（所谓"两"，是古代布帛单位名，即两卷二丈长的布帛，共四丈。一束帛，即黑色帛三两，浅红色帛二两）外加两张鹿皮。

5．请期

男方派遣的使者向女方家长请示举行婚礼的日子。实际上，举行婚礼的吉日，男方已经通过占卜的方式确定，此处向女方家长请示，纯粹为礼节而已。因而女方家长应依照礼节辞谢，而让男方的使者告知男方通过占卜确定的吉日。女方家长一般不会提出异议，而是同意男方确定的时间。

6．亲迎

指新郎亲自到女方家里迎娶新妇。《仪礼·士昏礼》记载，这一仪式在黄昏以后举行。婚，古字之所以写作"昏"，就是其举行时间的体现。新郎带车亲自去新妇家迎亲，到达后，与新妇父母见礼后，新妇打扮停当，在保姆等人陪伴下，登车上路。新妇上车时，新郎要亲自把上车用的引手绳递给新妇，照顾她上车。然后，新郎亲自驾御马车行进。当然，新郎无须一路充当车夫，只要车轮转动三圈，就合乎礼仪了。其后，新郎把新妇乘坐的马车交给车夫驾御，自己乘坐另一辆马车，先行到家。到家门口后，新郎下车，等候新妇一起进入家门。亲迎礼结束。

清代末年迎亲图

除上述六项主要仪节外,新妇至新郎家后,还有若干礼节,主要包括:

1. 沃盥

新人入席前,要洗手洁净。沃的意思是浇水,盥的意思是洗手洗脸。

2. 对席

指新婚夫妇在预先铺设好的席上相对而坐。席前摆列有酱、肉羹、鱼俎、豚俎、肝、肺、酒等。

3. 同牢合卺(jǐn)

"牢"指俎,或指俎里盛放的食物。"同牢",指新婚夫妇共同食用同一"牢"里的食物。鱼俎、豚俎、腊(风干的全兔)

俎仅有一份,放在新婚夫妇之间,供新郎、新妇一起食用,称为"共牢而食"。卺,本是瓠(瓜),一剖为二,用为酒器。合卺,指夫妇交杯而饮,象征夫妇由此结合。

4.馂(jùn)余设衽

馂,指吃剩下的食物。衽,睡觉用的席子。新婚夫妇饮食毕,将吃剩下的饭食赐予新妇带来的媵及男方家中的御(身份、地位大致类似于后世的妾)食用。饮食结束,媵、御等人为新婚夫妇铺设好床褥,夫妇就寝。馂余设衽就是俗话所说的合床礼,男女双方正式成为夫妻。

5.拜舅、姑

若丈夫的父母俱健在,那么,新婚的第二天,新妇要早早起床,梳洗打扮,拜见舅、姑(即公、婆)。向舅、姑馈赠枣栗、干肉,并向舅、姑敬酒、劝食。礼毕,舅、姑要向新妇敬酒、劝食。若为嫡长子妇,还要举行若干仪节,以示将家事传给她。

6.庙见

婚后三个月,新娘须择日随新郎至夫家宗庙祭告祖先,以表示婚姻已取得夫家祖先的同意。从此,才算正式成为男方家庭成员,具有参加祭祀和被祭祀的资格。在封建宗法时代,"庙见"

为成妇之礼。如新妇未经庙见即死亡，则由男家盛殓，归葬女方祖茔，作"未成妇"看待。后世以三月时间太长，宋代《朱子家礼》改为三日庙见。后世民间婚礼则将拜公婆与庙见祖先之礼一并于亲迎之次日举行。

周代人对婚姻六礼颇为重视，将其视为婚姻得以成立必不可缺的程序。当然，如此繁缛的礼节，大致只能在贵族阶层比较普遍的实行。至于家境比较贫贱的庶民阶层，无力也无暇操办这样隆重的婚礼。婚姻礼节，自然会有所简化。

秦汉之后，随着儒家独尊地位的逐渐确立，儒家文献中记载的婚姻"六礼"模式，也逐渐成为后世婚礼的基本模式。但不同时代，对古礼既有沿袭，也不乏出现若干颇具浓郁时代气息的婚姻礼俗。宋元之后，社会各阶层婚姻礼俗，在沿袭《仪礼·士昏礼》所载婚姻"六礼"及汉唐若干婚俗的基础上，也受朱熹撰著的《朱子家礼》有关记载的影响颇深。同时，受社会、文化等因素的影响，也出现了一些前所未有的新的婚姻礼俗。

四、丧葬礼

生老病死是不以人的意志为转移的自然规律。死亡，是人类永远无法避免的不幸事情。自远古社会时起，缘于对死亡的畏惧、困惑以及对逝去的亲人的悲伤、悼念，对人死亡后灵魂有知观念的坚持，华夏民族就形成了独具特色的丧葬习俗。到西周时，更在礼乐文化的基础上形成了一套比较完整、系统的

丧葬礼仪。儒家经典《仪礼》之《丧服》《士丧礼》《既夕礼》
《士虞礼》，《礼记》之《丧大记》《杂记》等文献就详细、
全面地记载了我国周代的丧葬礼仪。这套丧葬礼仪大致可以分
解为临终、始死、小敛、大敛、成服、安葬以及葬后诸礼，每一
环节又包含众多具体仪节。

1. 临终

（1）移居正寝：古代自天子至士，都有正寝和燕寝。燕寝
是平常生活起居的房间，正寝则是斋戒或患病时居住的房间。
古人认为，正寝可正性情，去世时必须在正寝，所以称为"寿
终正寝"。病人病情严重时，要把正寝室内外打扫干净，然后
将病人迁到正寝北面的窗户下，头朝东。

（2）君、友问疾：贵族官僚患病后，若病情比较严重，那么，
国君、亲友要前来探视。

（3）属纩：属，放置；纩，也作絖，指新絮或新丝绵。病
人临终弥留阶段，家人将纩放在他的口鼻处，以丝绵的飘动与
否，来判断病人是否还在呼吸。若丝绵不再飘动，则意味着病
人已经停止呼吸。

2. 始死

（1）复（招魂）：复，指为死者招魂。死者停止呼吸后，
由死者的臣属手持死者生前所穿的衣服，从屋檐东南处登上房

顶，站在屋脊中央，面向北方，呼喊死者的姓名（男人称名，女人称字），请求他（她）的灵魂回来。长声呼喊三次后，将衣服卷起来，从屋檐上扔下去，由另一侍者用箱子接住，拿回屋中，覆盖在死者身上。希冀借此方式，能使死者起死回生。如死于路途上，则随从踩着所乘车辆左边车轮中心的圆木登上车顶，用车上旌旗的旒为死者招魂。

（2）楔齿、缀足：死者刚去世时，肌肉尚温软，家人要趁此机会，用一种长六寸、两头屈曲、可用来支撑的角质柶（古代用以舀取食物的勺状器具）插入死者上、下牙齿之间，把嘴撬开，以便而后举行"饭含"之礼。用几案固定死者的双足，以便于为死者穿鞋子。

（3）设奠、改服、帷堂：楔齿、缀足毕，用特制的殓衾覆盖死者的尸体。在死者尸体东侧设置酒食，以供死者的灵魂享用。死者的家属这时要脱掉锦绣、绯红色的衣服，除掉金银玉饰品，换上素服，并用布帷将堂遮围起来，以遮掩尸体。

（4）赴（讣）告、吊唁：赴（讣）告是丧主（一般为死者的嫡长子）派人向死者的上司、同事、亲属和朋友报丧。接到丧报后，若为国家重臣，国君会穿上吊服，亲自前来吊唁。若为一般官僚，国君或亲自、或派遣使者前来吊唁。其余同事、亲友穿上吊服，前来吊唁。哀悼死者称"吊"，安慰死者家属称"唁"。吊唁者或赠送给丧家若干送葬之物，谓之"赗"。或给丧家若干钱物，谓之"赙"。或给死者家人一些衣被，用来为死者装殓，谓之"致襚"。

（5）沐浴：濯发曰沐，洗身曰浴。当死者即将或刚刚停止呼吸时，家人要为他洗头发和身体。在堂前西阶西边的墙下掘坎为灶，煮好水后，先为死者洗头。然后，由性别与死者相同的近侍为死者洗身，然后修剪指甲、胡须等。洗毕，残水倒在西阶下的坎中。

（6）饭含：饭含，是指将珠、玉、米、贝等物置于死者口中的礼仪。"饭"，指用米填塞死者之口。"含"是将珠、玉、贝等物放入死者口中。死者生前的身份、地位不同，使用的"饭""含"各不相同："饭"，天子用黍，诸侯用粱，大夫用稷，士用稻。"含"，天子、诸侯用璧，卿、大夫用珠，士用贝。

（7）袭、设冒：袭，指为死者尸体穿衣。除贴身内衣外，外衣上衣下裳为一套，称为一称。天子袭用十二称，上公九称，诸侯七称，大夫五称，士三称。此外，还要用充耳（或谓之"瑱"，一种小型玉制品）塞住死者的耳朵，用幎目（以玉、石片缀于绢帛上）覆盖其脸部，并加冠履。袭后，又用衾覆盖尸体，谓之"设冒"。然后，将尸床移到堂中。

（8）设铭旌：铭旌，也称铭、旌铭，是书写死者名氏以标明死者生前身份、地位的旗帜。用一尺长、三寸宽的黑布条与二尺长、三寸宽的红布条连结而成，在红布条上写上"某氏某之柩"等字。

（9）设重、设燎：重，是可以悬挂重物的木架，放在庭中靠南处。将沐浴时淘洗的米煮成粥，装进鬲中，用粗布封缄其口，悬挂于重上，取铭旌置于重上。因初丧未置神主（牌位），故设重暂时代替神主，使死者亡灵有所凭依。夜晚在堂上和庭中点燃大火把，谓之"设燎"，以便给死者的亡灵享用祭品照明。

3．小敛

敛，同"殓"，指为死者穿衣和包裹衾被等。据礼书记载，天子于死后的第七天，诸侯为第五天，大夫为第三天，士为死后的第二天，举行小敛礼。小敛时先在床上铺席，席上铺绞（一种扎尸用的宽布条），绞上铺衾，将十九套衣裳依次穿在死者尸体上，然后用被子包裹尸体，用绞带捆紧，再用"冒"，即上下两截布囊套起来，最后盖上覆尸的被子。礼毕，主人、主妇分别跪在尸体东、西处，用手抚摩尸体当心之处，谓之"冯尸"。小殓毕，丧家用酒食祭奠死者，谓之"小殓奠"。主人、主妇及众亲属按照亲疏远近的顺序，依次轮流哭泣。晚上，在庭院中设燎。

4．大敛

大殓于小殓的次日举行。对于士而言，就是在死亡后的第三天举行此礼。大殓所使用的衣物，国君为一百称，大夫为五十称，士为三十称。大殓衣、大殓奠等礼仪如小殓礼。大殓礼毕，主人、主妇"冯尸"。然后将尸体放入已置于堂之西阶上的土坑中的棺材内，盖上棺盖。将盛有黍、稷的四只筐分放于棺材四周，筐上再放鱼、腊，据说以此来诱惑蚍蜉（一种大蚂蚁），避免其侵蚀死者的尸体。然后在坑上用木板搭成屋顶形，用泥涂封，再将铭旌搭在殡上，谓之"成殡"。

5．成服

自死者去世至入殡，死者家人忙于敛尸及迎送宾客诸事，无暇备办丧服，众亲友只能脱去有华丽装饰、色彩鲜艳的吉服，暂时穿上素服，佩带用粗麻布制作的首绖、腰绖。大敛礼的第二天，若干比较匆遽、繁忙的丧礼已基本结束，时间相对来说比较宽裕，死者的亲人就要按照自己与死者的血缘亲疏关系、自己在家族（庭）中的身份地位，分别穿戴不同类型的丧服，遵守程度不等的守丧禁忌，谓之"成服"。丧服共有五等，故古人谓丧服为"五服"。据《仪礼·丧服》与子夏的《丧服传》记述，五等丧服的具体规制如下：

（1）斩衰（cuī）：这是最重的一种丧服，服丧期为三年。斩衰用极粗糙稀疏的生麻布制成。这种丧服的密度是三升（一升为八十缕），即在幅宽二尺二寸的布面上用 240 根经纱。制作时，将麻布斩断，不缉边，故意让断处的线头外露，故称之为"斩"。以此来表明穿戴这种丧服的人内心极度悲痛，无意于服装的修饰。另外，还要在上衣胸前加一块长六寸、宽四寸的麻布，这片麻布被称为"衰"。除斩衰服外，服丧者还要在头上、腰上绑扎用麻制成的麻绳带，分别谓之首绖、腰绖。穿用粗劣的草编织的草鞋，不修剪、修饰缘边，谓之"菅屦"。孝子手中要持一根竹棍，谓之苴杖。之所以要持杖，古人解释说，孝子因为至亲之人逝世，悲痛至极，加之办理丧事期间事务繁忙，守丧期间生活水平恶劣，所以一般会体质羸弱多病，需要依靠拐杖支持，才能行走。不过，妇人、小孩不需用杖。

上述所说的斩衰服为男子穿戴，女子穿戴的斩衰服则稍有不同：一是无"衣带下"和"衽"。所谓"衣带下"，指上衣腰际相当于束带之下所缝缀的一块上下宽一尺之布，用以遮掩裳之上际。所谓"衽"，是缝缀于丧服上衣两侧，用以掩蔽下裳两侧（下裳两侧不相缝合，两腿暴露）的布条。由于女子丧服如同深衣（如今之连衣裙），上下服连为一体，故无"衣带下"和"衽"。二是女子不戴冠、免，而是用布总（以布为原料做成，是女子用来扎束头发并下垂在发髻后作为饰物的一种带子名）或箭笄（用竹子、榛木等制成的簪子，长一尺）束发。

明代斩衰服

服斩衰服者，与死者关系最紧密。包括儿子、未出嫁的女儿为父亲，即将接任家（族）长的嫡孙为祖父，父亲为嫡长子，妻、妾为丈夫，臣为君穿戴斩衰。穿戴这种丧服的人，持丧杖，服丧时间为三年（实为27个月）。

（2）齐衰：这种丧服用较斩衰稍细密一些的四升粗麻布制成，与斩衰服不同的是，这种丧服的毛边要加以缝纫修理，使之略显整齐。穿戴这种丧服的人，要佩扎牡麻制成的首绖、腰绖，手持用桐木制成的削杖，扎布带、穿疏屦，即粗制的麻鞋或草鞋。削杖表面上没有节，象征家无二尊，母亲在家庭中的地位低于父亲。根据亲疏关系，齐衰丧服又分为如下四种：

① 齐衰三年：若父已去世，子女为母亲、为继母，母亲为嫡长子。穿戴这种丧服的人，持丧杖，丧期三年。

② 齐衰杖期：若父亲仍在世，子女为去世的母亲，丈夫为妻子。持丧杖，丧期一年。

③ 齐衰不杖期：男子为伯父、伯母、叔叔、婶子，为兄弟，已经出嫁的女子为父母，孙子、孙女为祖父母。不持丧杖，丧期一年。

④ 齐衰三月：曾孙、曾孙女为曾祖父、曾祖母。丧期三个月。

（3）大功：这种丧服是使用经过锻冶的微白色的熟麻布制作而成，其密度为八至九升，质地、做工较之齐衰细致、美观。穿戴这种丧服的人，要佩扎牡麻制成的首绖、腰绖，扎布带，穿绳履。大功服适用于为从父兄弟（即堂兄弟），已出嫁的姑母、姊妹、女儿，未出嫁的从父姊妹（即堂姊妹）及孙女，除嫡长孙以外的其他诸孙，嫡长子之妻。此外，已经出嫁的女子为兄弟和兄弟之子（侄子），女子为伯父、伯母、叔叔、婶子、姑母、姊妹，妻子为丈夫的祖父母、伯父、伯母、叔叔、婶子和丈夫的兄弟的已经出嫁的女儿，出嗣之子为同父兄弟和未出嫁的姊妹，也是大功服。丧期九个月。

（4）小功：这种丧服的密度为十升至十一升，质地、做工较之大功更细致、更美观。穿戴这种丧服的人，还要穿戴用经过洗涤的较白的麻制成的绖、带，穿平常穿的鞋子即可，不过，若鞋鼻上有饰品，则应该去掉。它适用于男子为从祖父母（即父亲的伯叔父母）、堂伯叔父母（即父亲的堂兄弟）、已经出嫁的从父姊妹、未出嫁的从祖姑姊妹、外祖父母、从母（姨），妻子为丈夫的姑母、姊妹和妯娌，出嗣之子为同父已出嫁的姊妹。服丧时间为五个月。

（5）缌麻：这是最轻，也是质地、做工最精致的一种丧服，穿戴这种丧服的人，与死者的血缘关系最疏远。它适用于男子为族曾祖父母、族伯祖父母、族伯叔父母、族兄弟，为已嫁之从祖姑与从祖姊妹，外祖父母为外孙，以及婿与岳父母、甥与舅、表兄弟之间相互为服。丧期均为三个月。

服丧者在守丧期间，在饮食、居住、言谈、举止、容貌等方面，都要遵从与自己所穿丧服相适应的各种禁忌和规范。《仪礼·丧服》与《礼记·间传》等儒家礼书对这些规范都有较全面的记载。就饮食规范而言，亲人死亡之后，服斩衰者，三天不能饮食。服齐衰者，两天不能饮食。服大功者，三餐（即一天）不能饮食。服小功、缌麻者，有两餐不能饮食。无丧服，前来帮忙参与殡殓的人，一天有一餐不能饮食。既殡后，服斩衰者可以早、晚吃稀粥充饥。直到举行虞祭、卒哭礼后，才可以吃白饭、喝水，不能吃蔬菜、水果。一年后，举行小祥祭礼，才可以吃蔬菜、水果。两年后，举行大祥祭礼，才可以在饭菜里加醋、酱等调料。服丧25个月（一说为27个月）后，举行禫祭，才可以饮酒吃肉。但开始的时候，只能喝味道很淡的醴酒，吃肉干。服齐衰者，丧礼进行时，就可以吃白饭、喝水，只是不能吃蔬菜、水果。服大功者，饮食中不能加醋、酱等调料。服小功、缌麻者，不能喝醴酒。

就居住规范而言，服斩衰者要居住在"倚庐"里。倚庐是将木头斜靠在房屋中门外东墙下搭建而成的小屋，只用茅草覆盖，不涂泥，向北开门。丧礼及守丧期间，孝子要住在"倚庐"里，睡在草席上，用土块作枕头，表示悲痛至极。举行虞祭、卒哭礼后，倚庐可以加高，在内部涂泥，以遮蔽风寒，门改向西开。举行小祥礼后，孝子可以住进用白土涂抹过的房子里（谓之"垩室"），躺坐在席子上。举行大祥礼后，可以返回原来的房室内居住，举行禫祭后，就可以与妻子同房了。服齐衰者一开始就居住在"垩室"里，服大功者睡眠休息时可以铺设席子，服小功、缌麻者可照常在家里床上睡眠、休息。

就言谈规范而言，服丧者讲话不求文雅，而求简短。与丧事无关的话，尽可能不谈，尽可能保持沉默。具体到各种丧服而言，服斩衰者要"唯而不对"，即面对他人的询问，沉默不语是不礼貌的。但若滔滔不绝地应答，也属失礼。合礼的做法是，应答一声"唯"，不必再说其他话。服齐衰者可以"对而不言"，意思是说，可以做简短的应答，但不要长篇累牍地说话。服大功者要"言而不议"，也就是可以比较详细的应答，但不要评议是非。服小功、缌麻者要"议而不及乐"，也就是可以详细应答，可以评议是非，但言辞不能涉及娱乐、快乐、喜庆之类的话题。

就举止规范而言，在守丧期间，不得婚嫁，停止一切喜庆应酬。若为父或母守丧，三年之内，不准从政做官。服齐衰、大功者，三个月内不得从政做官。平民守丧期间，政府应免除其徭役、力役。当然，如果严格地按照礼书的这一规定，那么，一旦国家面临危急状况，许多人因为遵礼守丧，无疑会削弱国家从事各项活动的力量。因此，礼书中也规定，若统治者、国家有紧急需要，或举行重大的祭祀天地、社稷礼仪，服丧者应暂时停止服丧，承担起自己应该履行的职责。

6. 安葬

依据死者生前的身份、地位不同，停殡的时间长短不一。自死亡之日至安葬日，其间的时日间隔，天子为七个月，诸侯为五个月，大夫、士、庶人为三个月。安葬前，死者的家人要请人占卜，以确定墓地和下葬的日期。在安葬前的一个月的下旬卜选葬日。先卜下月下旬的刚日（刚日，奇数日。十日有五奇、五偶，甲、丙、戊、庚、壬五奇为刚日。乙、丁、己、辛、癸五偶为柔日）。若不吉，再占卜下个月中旬之刚日。葬日确定后，派人遍告众亲友。在安葬日的前两天夜晚，家人要在殡所举行葬前的最后一次哭泣、祭奠，谓之"既夕哭"。安葬日至，丧家需要履行的礼节大致包括：

（1）启殡：将暂时殡藏于堂之西阶上的灵柩移到堂屋正中，准备出殡。此时，五服内的亲属都要参加，妇人不哭，主人则袒露左臂。把铭旌挂到重上，用功布拂扫棺柩，并用小殓时覆尸的衾盖住棺柩，然后用轴车运载灵柩至祖庙。运柩时的顺序是重在先，棺柩在后，丧主人与丧家亲属依次相随。

（2）朝祖：启殡之后，安葬之前，家人要将死者棺柩运到祖庙，行礼如其生前远行辞别祖先、父母之仪。到达祖庙后，仿为人子之礼，由西阶将棺柩抬上堂，安放在堂上两楹之间的正中之处。主人在堂上踊、哭,下堂向宾友行拜礼,再回阼阶前踊、哭。

(3)饰柩车、陈明器:明器,也称"冥器",是专门为随葬而制作的各种仿真器物。葬日,棺柩、明器等都要装载在柩车上,以赴墓地安葬。

(4)发引:"引",又称"绋",指大绳索,此指牵引柩车的绳索。朝祖礼毕,人们将死者的棺柩抬至柩车上。然后,主人哭泣前行,众亲友执绋前导,谓之"发引"。柩车除运载死者的棺柩外,还运载有赗(前来助丧者赠送的马匹、器物、衣被等物)、明器等。助丧者也可以向主人赠送钱财,谓之赙。丧家将众宾赠送的物品写在竹简上,编成遣策。

(5)安葬:安葬前,预先在墓地挖掘出墓穴,树碑。柩车至墓地后,将棺柩放置于墓穴之旁,先祭奠一番后,用碑上的穿孔为支点,用绳子将棺柩缓缓放入圹中,将铭旌置于棺柩上,随葬品置于棺柩之侧。然后用棺衣覆盖棺柩和随葬品,其上再依次铺设席子、抗木,最后用土填埋墓穴,堆土成坟。

7. 葬后诸礼

(1)反哭:安葬后,不待墓修筑完毕,主人及众亲即捧死者牌位"重",从墓地返回家中,安放"重",哭泣。哭毕,主人拜送众宾。

(2)虞祭:虞,安定、安宁之意。虞祭是在葬后举行的祭礼。在人们的观念中,安葬死者,只是使死者骨肉入土,其灵魂却无处可归，所以要举行虞祭，使死者的灵魂也得以安定。虞祭共举行三次：第一次虞祭在安葬结束后举行，谓之"初虞"。"初虞"礼后间隔一日，即"初虞"后的第一个柔日举行第二次虞祭，谓之"再虞"。"再虞"的次日，即"再虞"后的第一个刚日举行第三次虞祭，谓之"三虞"。

（3）卒哭：也称为"成事"。卒，终止之意，哭指葬前"无时之哭"，即哭泣不限定具体时间，想哭则哭。士丧礼，行"三虞"后间隔一日，举行"卒哭"礼，改无时之哭为"有时之哭"，即朝、夕各哭一次。

（4）祔庙：卒哭礼之次日，死者家人要将死者神主置于宗庙，按照昭穆次序排列，与祖先一并享受祭祀。祭毕，死者的神主仍需奉送回家，置于寝中供奉，直至举行大祥祭后，才能正式迁入祖庙。

（5）小祥：是在父或母死后一周年举行的祭礼。因孝子可以除去首绖，戴上练（一种用煮熟的丝、麻或布帛织成的柔软洁白的绢）冠，故又称"练祭"。实际上，小祥祭是在死者死亡后的第 13 个月举行。举行完小祥祭礼后，孝子可改变所穿部分丧服，男子除去头上的首绖，带上练冠，女子可除去腰间的带，并稍微改善一下生活。

（6）大祥：是在父或母死后两周年（实际上是在死者死亡后的第 25 个月）举行的祭礼。举行完大祥祭礼后，孝子可以脱掉衰衣，放下丧杖，戴用白色生绢制成的缟冠，并改善生活状况。

（7）禫祭：大祥祭礼的同月（即第 25 个月，王肃说），或间隔一个月（即第 27 个月，郑玄说）举行的祭礼名，这是服斩衰、齐衰三年丧者除去丧服时举行的祭礼。此祭礼结束后，丧期结束，服丧者恢复以往的正常生活状态。此后，每年父母去世纪念日（"忌日"）时，子女不能饮酒作乐。这就是礼书所说的"君子有终身之丧，忌日之谓也"。

以上所述是儒家经典《仪礼·丧服》与《礼记》有关篇章所记载的东周时期的丧葬礼俗。秦汉以后，古代中国历代丧葬礼俗，在大致沿袭先秦丧礼的同时，也由于政治、经济、社会、文化等因素的若干变化与影响而有所损益变化。

秦汉时期的丧仪，也大致包括临终者向家人或家臣交代遗嘱、发丧（将讣闻告知死者的亲友）、沐浴死者尸体、装殓（包括为死者穿衣服、戴面衣、饭含等具体仪节）、在外地的子女亲友奔丧、死者家属停殡、接受吊唁、亲友向丧家赠送赗赙、卜选葬地与葬日、出殡安葬、随葬器物、遵守服丧规范与禁忌等礼俗，但也出现了若干新的礼俗。

礼书规定，亲人去世，在世的亲属要按照与其血缘关系的亲疏，穿戴时间长短不等的丧服，并遵循相应的服丧规范、禁忌。否则，即为违礼。但西汉初年实行短丧制度，文帝临终时颁布的遗诏中甚至明确规定，臣民为皇帝服丧 36 日即可。自此，守丧期限缩短，遂成一时礼俗。不过，随着儒家学说独尊地位的逐渐确立，儒家礼书记载的服丧时间，也逐渐被社会各阶层所遵循奉行。加之两汉统治者奉行"以孝治天下"的基本国策，服丧时间延长、追行服丧、重新服丧等新的礼俗逐渐确立。如东汉人薛包，为去世的父母服丧六年。耿恭在西域任职期间，他的母亲去世。耿恭返回家乡后，为他的母亲追行丧服。刘臻、刘俭兄弟年幼丧父，成年后，他们认为父亲去世时，自己年龄幼小，丧礼有阙失之处，于是重新为其父服丧。

汉武帝"罢黜百家，独尊儒术"，因而对儒家倡导的丧礼制度也情有独钟，把儒家礼典规定的居丧制度作为强制性规范推行于天下。两晋时期，三年丧与期亲丧已成为官吏的强制性行政规范。南北朝时期，居三年丧入于刑律，违犯丧礼者要受到法律的惩治。隋唐时期居丧制度全面法律化，不仅将居丧制度全面入律，而且其中相当一部分条款被列入"十恶"罪中。与此相应，便形成了官员的"丁忧致仕制度"。所谓丁忧致仕，就是如果朝廷官员的父母亲去世，从得知丧事的那一天起，必须辞去官职，回到家乡守丧三年（实为27个月）。守丧期满后，重新做官，叫作起复。丁忧期间，守丧的人不准为官。如无特殊原因，国家也不可以强招丁忧的人为官。因特殊原因国家强招丁忧的人为官，明代权臣张居正就曾闹过一场轰动一时的"夺情"风波。万历五年（公元1577年）九月二十六日，张居正父亲病死。按照丧礼制度，张居正必须离任回乡安葬父亲并服丧三年，等到服丧期满后才可回京复职。但当时张居正的权势正如日中天，生怕一旦离去，他人便谋其位，因此不想回家乡丁忧守。但他表面不便明说，就暗中指使大宦官冯保等鼓动万历帝出面挽留。户部侍郎李幼滋为讨好张居正，"首倡夺情"之议。而当时也有一些朝臣上书反对张居正"夺情"，触怒了张居正，受到了残酷的"廷杖"和流放的惩罚。最后还是万历帝拍板决定：同意张居正夺情，在官守制。然而当时朝廷内外对"夺情"

一事议论纷纷，反对张居正者抨击他是"贪位忘亲"，置"万古纲常"于不顾。张居正虽成功"夺情"，仍旧独执大权，但这件事也成为他死后被论罪抄家的祸根。

先秦时期丧葬礼俗中，未见有用乐、歌之记载。秦汉时，哀乐、挽歌成为丧仪的组成部分，还出现了专门从事哀乐演奏职业的人。如西汉开国功臣周勃，未参加起义前，以丧葬礼仪中吹箫为谋生之业。大概在西汉初，在丧葬礼仪中，开始出现演唱的歌曲——挽歌。死者临终前或死者的家人、亲友，多吟唱《薤露》《蒿里》等歌，如《薤露》词曰："薤上朝露何易晞，露晞明朝还复滋，人死一去何时归？"《蒿里》词曰："蒿里谁家地？聚敛魂魄无贤愚，鬼伯一何相催促，人命不得少踟蹰。"表达了对死亡的极度恐惧和对死者的深切悲伤、悼念。

先秦时期，虽然为贵族墓在地表上修筑坟丘的做法已经出现，但总体来看，坟丘墓尚不多见。秦汉时期虽仍有无坟丘之墓，但墓穴上修筑坟丘，已日益普遍、流行，且呈现出向高大化发展的趋势。汉代人撰写的文献中，对上自天子，下至庶人的坟丘高度的礼制限定，皆有记载。《春秋纬》称，天子坟高三仞（合今 5.5 米），诸侯坟高为天子坟高的一半，大夫八尺，士四尺，庶人无坟。郑玄注《周礼》引《汉律》说，列侯坟高四丈（合今 9.2 米），关内侯以下至庶人，各有等差。若据郑玄之言，参之《春秋纬》的说法，则汉代皇帝坟高应为 18.4 米。不过，揆诸考古测量，上述文献记载或许皆与事实不符。西汉高帝至平帝十座陵墓中，汉武帝茂陵最高，为 46.5 米。元帝渭陵最矮，为 24.9 米。诸帝陵平均高度为 30.18 米。《续汉书·礼仪志下》注引《古今注》所载东汉诸帝陵高度，若折合今制，最高者当属安帝恭陵，高 34.5 米；最矮者为冲帝怀陵，高 10.58米。诸帝陵平均高度为 19.27 米。至于庶人坟高"四尺"或"无坟"的说法，并无实据。据时人描述，西汉中期时，民间坟丘，积土如山。

秦汉时期，墓地的营造仿效生者居住模式，形成地面建筑和地下建筑相互结合的局面。地面建筑主要包括用于寝庙（皇帝陵墓旁修建的建筑物名，民间墓旁建筑谓之"祠堂"，或谓之"冢舍"）、神道、亭台楼池、墓阙和墓垣。寝庙或祠堂是用来举行祭礼及其他活动的场所。富贵者多在墓前修建"神道"，不仅可以作为祭祀者的通路，还被视为死者灵魂出入的道路。在神道上，要树立木或石，以为标识，时人谓之"标"，又称"表"。西汉时期的墓表大多为木制，上写有标明墓地位置和死者生前曾任官职的文字。东汉时，墓表改为石制，从以往单纯指示死者墓地的标志，发展成为兼具指示死者墓地和叙述死者生平、表彰死者功德多重功能的墓碑。在神道上树立墓阙、石人、石兽（主要有狮子、骆驼、马、象、鹿、鸟等形象），种植树木，在汉代，尤其是在东汉时蔚然成俗。墓阙多以石为原料，雄伟高大。先秦文献记载的唯有周天子墓前才可种植的松树、诸侯国国君墓前种植的柏树，秦汉时无论是贵族，还是庶民墓前，皆可种植。此外，种植杨树、梧桐、杏树、石榴树等，也见诸文献记载。在上述树木中，被汉代人视为"神木"，具有辟邪功能的松树、柏树及梧桐最为常见。

汉代墓室形式较之前代，也发生了显著的变化。这一时期，先后或同时出现了土坑墓、砖椁墓、石棺墓、砖室墓、画像砖石墓和崖墓等墓室形制。先秦时期许多地区流行的长方形土坑竖穴墓，虽然在西汉初仍然比较流行，但大约从西汉中期开始，模仿地面建筑形制的在地下横掏土洞。以砖、石为主要建筑原料的墓室，首先在中原地区出现，并以黄河流域为中心，向四周扩展、流行。西汉时，以体积较大的空心砖在横穴式的土洞内修筑墓室最为常见。东汉时，这一建筑风格逐渐被小型砖修筑成的砖室墓取代。

大致于西汉晚期出现，流行于东汉时期的画像砖墓、画像石墓，主要分布于今天的山东、河南、陕西北部、山西西部、江苏北部、湖北北部及四川中部地区等省区。画像砖、石和墓室中描绘的壁画内容广泛，题材多样，涉及宴饮、出行、游乐、讲学、收获、射猎、酿酒等日常生产、生活领域。

随葬器物是先秦时期即已出现的丧葬礼俗。秦汉时，除在墓室中随葬钱、食物、服装、器具等生产、生活用具，以及用陶、木、金属等制成的偶人、牲畜、车马等明器外，还出现了若干新的礼俗。如在秦始皇陵西侧刑徒墓中，出土有18件瓦片，上面记载了19名埋葬于此的死者的地名、人名、爵名、刑名等有关信息。西汉前期的墓葬中，比较流行瘗埋告地状的葬俗。告地状一般书写在木牍上，是人们想象中的将死者从阳间移交到阴间的书状。其行文格式，略同于阳间官方文书，主要记录死者的姓名、籍贯、丧葬时间、携带随葬品类型数量及移交对象等。汉代墓葬，尤其是普通百姓和社会下层墓葬中，还埋藏有记载死者姓名、籍贯、身份等信息的墓砖铭。这种墓砖铭，到南北朝时发展成为墓志铭。墓志一般为方形石质或砖质，大多平放于墓室的墓门前、墓主头前或甬道中。墓志的内容，一般包括叙述死者的姓名、籍贯、生卒年月、官职履历、家族谱系，对死者生平才能品行的赞颂，以及被称作"铭"的韵文，用来表达追悼和称颂。这种墓志铭此后长盛不衰，成为古代墓葬中一种主要的铭刻随葬品。

焚烧纸钱之礼俗，起始于汉，发展于魏晋时期，至唐代遂盛行于世。据唐代封演所撰《封氏闻见记》称，当时人送葬时所凿纸钱，积如山高。

隋唐时期的丧葬礼俗也多有创新之处。如寒食节上墓祭扫、设"道祭"、火葬、塔葬等。寒食节扫墓之俗，本流行于民间。唐高宗时，曾以其有违礼经人情，诏令禁绝。但此俗广泛流行于民间，历久不衰。至唐玄宗时，在对这一习俗进行改造，即剔除了其中的祭墓后游玩作乐的内容后，将其列入国家礼典。

自唐初起，安葬死者时，死者的同事、友人在道路上设奠祭祀，已成风俗，谓之"道祭"。如唐高宗时，李义府改葬其祖父，前来会葬的亲友的车马，在路边搭设的奠帐，自灞桥至三原，七十里的路程，连绵不绝。

明清时期的丧葬礼俗，在大致沿袭若干古礼的同时而有所变化。如明清丧礼中虽保留有小殓、大殓古礼，但多有变通之处。如古礼小殓前，需沐浴死者尸体。洗浴完毕，洗浴所用之水则弃置于土坎中。明代民间则流行由死者之子将洗浴水喝完的习俗。按照民间的说法，孝子若能这样做，那么死者就会免受地狱诸般折磨苦难。除客死异乡者外，一般不拘泥小殓、大殓古礼，只需让死者手足伸展、巾服端正即可。清代皇帝死后，不遵循三日后才举行小殓，小殓之次日举行大殓的古礼，而是于死亡当日即举行小殓礼，小殓礼后的当日或次日或数日后，再举行大殓礼。死者亲人穿戴丧服后，要大设筵席，盛张鼓乐，招待宾朋，时间长者多达十余日，少者也不下于五六日。有的地方则流行邀请戏班子演唱戏剧，或者邀请亲朋好友通宵达旦地饮酒、唱歌的习俗，谓之"伴丧"，或谓之"娱尸"。先秦古礼及朱熹《家礼》中，皆有"代哭"之礼，即入殡后。五服内的亲属，可轮流哭泣，以便使孝子有暂时休息的机会。但在明代，有的地方流行或以妇女替哭，甚或用仆隶、雇佣来的乞丐"代哭"的习俗。发丧时，丧家亲友在丧柩经过路途中搭设祭棚，陈列玩器，布设酒筵，邀请戏子演唱戏文，谓之"暖丧"。今杭州等地，还流行"荒亲"（或谓之"乘凶"）之俗，即在父母濒死时，要请媒人为家中适龄男女说亲议姻，举行嫁娶之礼。

另外，佛教、道教对明清时期丧葬礼俗的影响也非常明显。皇帝或皇后初丧，京城内的每座寺庙都要敲钟三万声，以为死者祈福，免受地狱诸般折磨苦难。上自公卿，下至庶民娼优，死者死后的第三日或第五日，丧家都要聘请僧道前来做法事，写经造像，超度死者亡灵。人死后，每遇七日，丧家就要请僧道做法事，超度亡魂，谓之"做七"，直至七七四十九日后，才可结束。除此之外，至死者死亡的百日、一周年、两周年、十周年、二十周年以及每年的七月十五，都要请僧道来做法事，称之"追荐"。

五、祭祖之礼

早在氏族社会时期，中国的先民就有了祖先崇拜的观念。有了祖先崇拜，也就有了祭祖礼仪。随着社会发展，先民们建造了自己的房屋，也为祖先神灵建造了房屋，也就是宗庙。祭祖也就以宗庙祭祀的形式来呈现。

据文献记载，我国商周时期就形成了一套宗庙祭祀的礼俗。《春秋左传·成公十三年》所谓"国之大事，在祀与戎"就充分说明了祭祀在古代社会生活中的重要地位。周代实行的宗法制度是以血缘关系为基础，以嫡长子继承制为核心的社会等级制度。宗法制的功能和目的是确定宗族中的等级地位，维护社会稳定，解决财产分配和爵位继承等问题。周代等级分明的宗庙祭祀制度就体现了宗法制的等级原则和精神。

我国古代的宗庙祭祀不仅具有"慎终追远"、纪念先祖的文化意义，还具有对家族成员及其他社会成员进行道德教化的社会功能。它在维系社会伦理，规范社会秩序，塑造人文道德等方面都有着重要的文化功能。

我国古代的祭祖之礼，先秦时期主要是在宗庙中举行，汉代以后主要是在祠堂中举行。下面我们将先秦时期的宗庙祭祖之礼和汉代以后的祠堂祭祖之礼简介如下：

1. 宗庙与祭祖

宗庙是祖先神灵的居所。"庙"的发展经历了一个长期的过程，氏族社会时期的先民，在祭祀祖先时，都要有祖先的象征物。最初是按照祖先的形貌做成人形的偶像作为祭祀的对象。久而久之，陈列和祭祀祖先偶像的地方也就被称为"貌"了。后来由于语言的发展变化，这种本来叫作"貌"的祭祀祖先的场所慢慢地被写作"庙"了。这也就是汉代学者常常用"貌"来解释"庙"的原因。如《尚书大传》卷三曰："庙者，貌也，以其貌言之也。"《释名·释宫室》曰："庙，貌也，先祖形貌所在也。"后来，随着建筑技术的提高，人们也仿照祖先生前的住所，建造了供奉祭祀祖先的房屋，也就是庙。庙，又叫"祖"，也叫"祖庙"，所以《说文解字·示部》说："祖，始庙也。"祖庙中所供奉的写有祖先尊号的木牌，就是象征先祖的神主。在殷代卜辞中，神主都称"示"；周代以后神主都称"主"。

相对于"庙"（貌）来说，"宗"是后出的概念。当氏族发展到一定时候，必然要分蘖为若干同胞氏族，每个同胞氏族都有本氏族的新庙，原先的氏族庙就成为这些同胞氏族共同尊崇的祖庙，所以称之为"宗"。《说文解字·示部》曰："宗，尊祖庙也。"就是说，"宗"是同胞各氏族共同尊崇、祭祀的祖庙。所以，"宗"和"庙"起初是有区别的，"庙"是泛指祖先神庙，"宗"是指胞族（宗族）各支共同的祖先神庙。后来"宗庙"合成一个词，用来泛指祭祀祖先的庙宇建筑群。

宗庙是祭祀祖先的主要场所（后世民间称为"家庙"或"祠堂"），也是举行其他礼仪（如冠礼、婚礼等）的主要场所，所以宗庙在古人的生活中具有十分重要的位置。安阳殷墟已出现了宗庙的遗址，西周时期，随着宗法制度的创立和完备，宗庙制度进一步完善。《礼记·王制》云："天子七庙，三昭三穆，与太祖之庙而七。诸侯五庙，二昭二穆，与太祖之庙而五。大夫三庙，一昭一穆，与太祖之庙而三。士一庙。庶人祭于寝。"这说明早在西周时期，我国就有了较为完备的宗庙制度，但当时只有天子、诸侯、大夫和士才有资格建立祭祀祖先的"宗庙"，庶人百姓则没有资格建立宗庙，只能在寝室中祭祀祖先。

《礼记·王制》规定："宗庙之器，不鬻于市。"这是说，宗庙是神圣的，宗庙中的器物，也是神圣的，不能随便出卖。《礼记·祭义》规定："建国之神位，右社稷而左宗庙。"郑玄注说："周尚左也。"孔颖达疏曰："此一节明神位所在。周人尚左，故宗庙在左，社稷在右。"由此可见，古人对宗庙祭祀的重视程度甚至超过了社稷祭祀。

2．宗庙规制

（1）庙数之制

春秋战国承周代礼乐文化余绪，仍然是一个等级非常鲜明的宗法社会。天子、诸侯、大夫、士各阶层在宗庙数量上有着不可僭越的等级区别。

按照礼书记载，社会等级身份不同的人，其所修建的宗庙庙数、祭祀礼仪有严格的尊卑差异。前引《礼记·王制》与其他先秦与秦汉文献中都有许多关于周天子实行"七庙"制度的记述。但由于礼书记载疏略，因而自汉代开始，人们就对"天子七庙"究竟是哪七位祖先的宗庙问题发生了意见分歧。大致说来，主要有两种说法：一是以韦弦成、班固、何休、郑玄为代表，认为"七庙"是由一所王室的始祖庙，两所因有功德被追授"宗"庙号而世世不毁的祖庙（也称祧庙、世室），在位天子的高祖父庙（也称显考庙）、曾祖父庙（也称皇考庙）、祖父庙（也称王考庙）、父庙（也称考庙、祢庙）所谓"四亲庙"组成。另一种意见以刘歆、王肃为代表，认为"七庙"是由王室的始祖庙与在位天子六世祖以下六所"亲庙"组成。

始祖庙与因有功德而被追授有"宗"庙号的祖先宗庙，世世不迁毁。所谓毁庙，是指在位天子的某代祖先，若与在位天子的血缘关系超过四世（如按后说为六世），即在位天子的第五代（如按后说为第七代）祖先以上者，即被视为血缘关系过于疏远，谓之"亲尽"。"亲尽"的祖先神主，要被迁出宗庙，藏于祧庙之中，平时不再享受子孙的祭祀，只是到每隔三年举行一次的祫祭、每隔五年举行一次的禘祭等大祭时，才与未毁庙祖先神主，一并享受祭祀。

诸侯有五庙，即一个太祖庙（如鲁国周公和齐国姜太公）、四个亲庙（高、曾、祖、父）。大夫有三庙，即太祖庙、祖父庙、父庙。士有一庙，即父庙。以周王室而言，太祖庙是周王室祭祀其始祖后稷的庙，只有周天子有祭祀周族始祖后稷的权力，诸侯不能立天子为太祖；以鲁国而言，鲁国的太祖庙，是祭祀鲁国始祖周公的庙，即周公庙，今天我们在鲁国故城曲阜仍旧可以看到周公庙。

（2）昭穆制度

昭穆制度，是有关宗庙、庙中神主和宗族墓冢排列顺序的一种制度，它与墓葬、宗庙、祭祀都有密切的关系。根据前述我们知道，天子有七庙，诸侯有五庙，那么古人在建宗庙时，就必然面临如何排列宗庙顺序的问题，另外还有庙中神主、宗族墓冢的排列问题，这些问题都与昭穆制度密切相关。宗庙的排列顺序是，太祖居中，然后其子孙后代按照"左昭右穆"的顺序依次排列，即朱熹所说的"宗庙之次，左为昭，右为穆，而子孙亦以为序"（《四书章句集注·中庸章句》）。昭，即朝，居左，有明的意思，穆即暮，居右，有暗的意思。因此昭穆是表明左右方位的一种称谓，昭穆制度是表明长幼顺序的一种制度。

《周礼·春官·小宗伯》述小宗伯之职有"辨庙祧之昭穆"之责。郑玄注曰："祧，迁主所藏之庙，自始祖之后，父曰昭，子曰穆。"孔颖达疏曰："自始祖之后，父曰昭，子曰穆者，周以后稷为始祖，特立庙不毁，即从不窋（kū，后稷之子）以后为数，不窋父为昭，鞠（jū，不窋之子）子为穆。从此以后，皆父为昭，子为穆，至文王十四世，文王第称穆也。"由此我们知道，从始祖之子不窋算起，父为昭，子为穆，孙又为昭，依次类推。也就是说，奇数为昭，偶数为穆。到文王时是第十四世，为穆，那么武王第十五世，也就是昭了。古代宗庙有昭穆顺序，考古中也有发现。考古工作者在陕西凤翔马家庄发掘的 1 号建筑群，是春秋中期建造的秦国的宗庙，其布局是一个"品"字形的封闭建筑群：中间为始祖庙，两旁分别为昭庙和穆庙。

昭穆制度中，宗庙的排列，在很大程度上表现为庙中神主如何排列的问题，周天子的七庙中，太祖、文王和武王三祖的庙是永世不变的，而之后的高、曾、祖、父四代的庙，则随着后世子孙的繁衍而不断变化，而变化的方式就是庙中神主的迁移。《礼记·中庸》说："宗庙之礼，所以序昭穆也。"这里的"序昭穆"，是说按"左昭右穆"的顺序来排列宗庙中的神主。

周代的墓葬，也是按照昭穆的顺序来排列的。《周礼·春官·冢人》载："冢人掌公墓之地，辨其兆域而为之图。先王之葬居中，以昭、穆为左右。"先王的墓葬居于中间，其子孙后代的墓，也按照"左昭右穆"的顺序排列。

昭穆制度与祭祀也密切相关。祭祀祖先时，先祭远祖再祭近祖，先祭祖再祭父，否则就是"逆祀"。春秋时期鲁文公在祭祀活动中就出现过"逆祀"问题，并受到过《春秋穀梁传·文公二年》的批评："先亲而后祖也，逆祀也。逆祀，则是无昭穆也。无昭穆，则是无祖也。"按鲁文公的父亲鲁僖公是鲁闵公的庶兄，但是继闵公而继君位。按礼，闵公在宗庙中神主位置应在僖公之上，但文公在宗庙祭祀时把自己父亲僖公的神主升于闵公之前，故招致《春秋穀梁传》的批评。

在宗庙祭祀的过程中，不仅对祖先的祭祀要按"昭穆"顺序进行，而且参加祭祀活动的人也要按"昭穆"顺序来进行。《周礼·夏官·司士》中记载："凡祭祀，掌士之戒令，诏相其法事，及赐爵，呼昭穆而进之。"赐爵，是祭祀活动中的一个礼节，即旅酬礼，赐酒。祭祀要结束时，主祭的人向助祭的人赐爵（酒杯），以便助祭的人相互敬酒。所谓"呼昭穆"，是说按照昭穆的顺序来赐爵，也就是按照长幼辈分及年龄的顺序。祭祀时按照昭穆的顺序，正是为了长幼有序，不至于乱了辈分顺序，也就是《礼记·祭统》所说："夫祭有昭穆。昭穆者，所以别父子、远近、长幼、亲疏之序而无乱也。"祭祀时，往往是全族人在一起，如果没有一定的顺序，必然杂乱无章，没法保证祭祀活动有序进行。有了昭穆制度，也就解决了这一问题。正如《礼记·祭统》所谓"有事于大庙，则群昭群穆咸在而不失其伦"。

（3）祧迁与毁庙

按照周礼，王室贵族常祭的祖先有四，即父、祖父、曾祖和高祖，他们的庙，也相应地称为考庙（父）、王考庙（祖父）、皇考庙（曾祖）和显考庙（高祖）。由于各阶层的"庙数"是固定的，但祖先"神主"的数量却随着世系的延续而不断增加，后世子孙不能遍祭祖先，而且随着祖先与后代子孙间隔越远，其血缘关系也会变得越淡，因此就出现了"祧迁"和"毁庙"的问题。

所谓祧迁是指旧君去世、新君即位时，新君为父立神主，并将神主立入考庙，原考庙中的神主移入王考庙，依次上移，于是原先显考庙中的神主就被移出，迁入祧庙之中。也就是说，对新君而言，永远确保父、祖父、曾祖和高祖四位祖先的神主在宗庙之中。四代以上的祖先因血缘关系疏远淡化，谓之"亲尽"。"亲尽"的祖先神主，要被迁出宗庙，藏于祧庙之中，平时不再享受子孙的祭祀，只有到每隔三年举行一次的祫祭和每隔五年举行一次的禘祭等大祭时，才能与父、祖父、曾祖、高祖四位祖先神主，一起享受祭祀。把"亲尽"的祖先神主迁出宗庙，称为"毁庙"或"坏庙"。所谓"毁庙"，不是将庙捣毁，而是对其加以更新。如《春秋穀梁传·文公二年》云："坏庙之道，易檐可也，改涂可也。"也就是说，可以通过换檐或涂刷的方式来"毁"庙。

3．庙祭礼仪

宗庙是祭祖的主要场所，因此祭祖礼主要就是庙祭礼。古人对祭祖活动非常重视，因此也就发展出了各种庙祭礼仪。按照祭祀是否属于常规，可以把庙祭礼仪分为常祭和临事之祭两种。其中，常祭又可分为四时祭、月祭、禘祭和祫祭。

（1）常祭

① 荐新与四时祭

荐新，或叫作"尝"，也叫作"荐"，是以时鲜食物献于宗庙，让祖先神灵品尝。这是比较早的宗庙祭祀。《周书·尝麦解》载："维四年孟夏，王初祈祷于宗庙，乃尝麦于太祖。"这里所说的"尝麦"就是一种荐新之祭，是周成王在初夏时节小麦收获后在宗庙向太祖文王祭献新麦。

关于周代天子的荐新之礼，《礼记·月令》有较系统的记述：仲春之月，"天子乃鲜（献）羔开冰，先荐寝庙"。孟夏之月，"天子乃以彘尝麦，先荐寝庙"。仲夏之月，"天子乃以雏尝黍，羞以含桃，先荐寝庙"。孟秋之月，"农乃登谷，天子尝新，先荐寝庙"。仲秋之月，"以犬尝稻，先荐寝庙"。季冬之月，"命渔师始渔，天子亲往，乃尝鱼，先荐寝庙"。这种在不同的季节将各种时鲜食物贡献给祖先神灵品尝的祭祀方法，后来逐步发展成为时间较为固定的"四时祭"。

四时祭，也称时享，是指用春夏秋冬四季所新产的作物来祭祀祖先的礼仪。四时祭在每个季节，各有专门的名称。《礼记·王制》说："天子诸侯宗庙之祭，春曰礿，夏曰禘，秋曰尝，冬曰烝。"郑玄注曰："此盖夏殷之祭名。周则改之：春曰祠，夏曰礿。"按孙希旦《礼记集解》的说法，周天子有大禘之祭，因与四时祭重名，所以将春祭更名为祠，夏祭更名为礿。于是，春祠、夏礿、秋尝、冬烝的说法便固定和延续下来，如《春秋公羊传·桓公八年》曰："春曰祠，夏曰礿，秋曰尝，冬曰烝。"《尔雅·释天》曰："春祭曰祠，夏祭曰礿，秋祭曰尝，冬祭曰蒸。"《春秋繁露》亦曰："祭之散名：春曰祠，夏曰礿，秋曰尝，冬曰烝。"所以四时祭又可称为：祠、礿、尝、烝。

四时之祭，是以四季生长的作物来祭祀祖先，《春秋繁露》说："祠者，以正月始食韭也；礿者，以四月食麦也；尝者，以七月尝黍稷也；烝者，以十月进初稻也。"《管子·轻重》也说："夏至，而麦熟。天子祀于太宗，其盛以麦。麦者，谷之始也；宗者族之始也……夏尽而秋始，而黍熟。天子祀于太祖，其盛以黍。黍者，谷之美者也；祖者，国之重者也。"古人对于祖先的孝敬，强调"事死如事生，事亡如事存"（《礼记·中庸》）。祖先健在的时候，春夏秋冬四季都是以上述农作物为生的，所以子孙们也要在农作物成熟的时节，第一时间祭祀祖先，既是请祖先品尝，也是向祖先汇报丰收，并希望祖先能够保佑。

四时祭时，古人不仅向祖先敬献粮食作物，还要敬献其他食品。《礼记·王制》载："庶人春荐韭，夏荐麦，秋荐黍，冬荐稻。韭以卵，麦以鱼，黍以豚，稻以雁。"这里所说的虽然只是庶人祭祀的情形，但从既有粮食又有蛋类和肉类来看，祭品还是比较丰富的，由此也能看出古人对祭祖的重视。

② 月祭

天子、诸侯每月初一到庙中"告朔"和"朝庙"，称为月祭（月朔礼）。《礼记·王制》说："王立七庙……曰考庙，曰王考庙，曰皇考庙，曰显考庙，曰祖考庙，皆月祭之……诸侯立五庙……曰考庙，曰王考庙，曰皇考庙，皆月祭之。"可见，按照周代礼制，王和诸侯每月初一都要到祖庙中进行祭祀。月祭礼包括两项内容，一是告朔，二是朝庙。

对于农业社会来讲，历法是非常重要的。古代天子专门设有历法官（太史），太史观测天象并制定历法，每年冬末，周天子把来年的历书颁布给诸侯，历书中包括一年中每月的朔日（初一）是哪一天，有无闰月等。因此，周天子向诸侯国"颁告历书"的活动就叫作"颁告朔于邦国"（《周礼·春官·太史》），简称"颁朔"。诸侯接受这一历书，并藏于祖庙。每月初一，要杀一只活羊在庙中祭祀，然后回到朝廷听政。《春秋穀梁传·文公十六年》载："天子告朔于诸侯，诸侯受乎祢庙，礼也。"范宁注曰："每月天子以朔政颁于诸侯，诸侯受而纳之祢庙。"对王室而言，每月朔日王室在明堂召集卿大夫，宣布当月的朔日及当月的农、猎等政令（"月令"）；对诸侯国而言，根据王室颁布的历书，各诸侯国每月朔日在宗庙中祭祖，向祖先报告朔日，同时也向国中各部门宣布。王室和诸侯国的这种活动对于颁布者来说，就叫"告朔"，对于听者而言就叫"听朔"或"视朔"。《左传·僖公五年》："五年春，王正月辛亥朔，日南至。公既视朔，遂登观台以望。"《礼记·玉藻》说："诸侯玄端以祭，裨冕以朝，皮弁以听朔于大庙。"《左传·文公六年》说："闰月不告朔，非礼也。"从以上三则材料，可以看到诸侯每月的初一都有到太庙中告朔、视朔（听朔）的活动。告朔，也叫告月，《春秋公羊传·文公六年》说的是"闰月不告月"，而《左传·文公六年》说的是"闰月不告朔"，可见二者通用。

月祭礼中，除了"告朔礼"还有"朝庙礼"，《春秋公羊传·文公六年》说："闰月不告月，犹朝于庙。不告月者何？不告朔也。曷为不告朔？天无是月也。闰月矣，何以谓之天无是月？非常月也。犹者何？通可以已也。""不告朔"却"朝于庙"，可见二者是有一定区别的。

春秋战国时期，"礼坏乐崩"，因此"告朔"难以实行。如《论语·八佾》中记载："子贡欲去告朔之饩羊。子曰：'赐也！尔爱其羊，我爱其礼。'"这句话是说，当时的鲁君不但不亲临祖庙，而且也不听政，只是杀一只活羊虚应故事，所以子贡认为不必要留此形式，不如干脆连羊也不杀。孔子却认为残存这一形式也比什么也不留的好。

③ 禘祭和祫祭

禘祭和祫祭，是古代的祭祖大礼。禘祭是对远古祖先的祭祀，它出现的比较早，在殷墟卜辞中有许多有关"禘祭"的记载，不过当时称为"帝",而不是"禘"。祫祭是对祖先（包括祧迁和未祧迁的神主）的合祭。

禘祭在祭祖礼仪中,是比较重要的。《尔雅·释天》说:"禘,大祭也。"《说文解字》对"禘"是这样解释的:"禘,禘祭也,从示,帝声,《周礼》曰五年一禘。"可见,禘祭作为对远古始祖的祭祀,是五年举行一次的。《礼记·祭法》说:"有虞氏禘黄帝而郊喾,祖颛顼而宗尧。夏后氏亦禘黄帝而郊鲧,祖颛顼而宗禹。殷人禘喾而郊冥,祖契而宗汤。周人禘喾而郊稷,祖文王而宗武王。"综上所述,可知禘祭的起源是比较早的,而且禘祭的对象都是远古始祖。《礼记·大传》说:"礼,不王不禘。王者禘其祖之所自出,以其祖配之。"可见,按照周礼,禘祭如同祭天地一样,只有王（天子）才有禘祭的权力,而且禘祭时,要以祖先作为配祭的对象。以周人为例,周人禘祭的对象帝喾,是始祖后稷的远古始祖,所以要以始祖后稷来配祭。

禘,有时也表示宗庙四时祭中的夏祭,如《礼记·王制》说:"天子诸侯宗庙之祭,春曰礿,夏曰禘,秋曰尝,冬曰烝。"有时也指春祭,如《礼记·郊特牲》云:"春禘而秋尝。"《礼记·祭义》曰:"君子合诸天道,春禘秋尝。"而且禘、尝也经常连用来表示时祭,如《礼记·祭统》曰:"禘尝之义大矣,治国之本也,不可不知也。"《礼记·中庸》曰:"明乎郊社之礼、禘尝之义,治国其如示诸掌乎。"禘祭,一般在夏季太庙中举行,《春秋·僖公八年》曰:"秋七月,禘于大庙。"《礼记·明堂位》曰:"季夏六月,以禘礼祀周公于大庙。"按照周代礼制,鲁国本来没有禘祭的权力,但由于鲁国始祖周公功勋卓著,才使得鲁国享有此特权。

　　袷祭是对祖先的大合祭，《春秋公羊传·文公二年》说："大袷者何？合祭也。其合祭奈何？毁庙之主，陈于大祖，未毁庙之主，皆升，合食于大祖。"可见，袷祭是将毁庙的神主和未毁庙的神主合祭于太庙中。前面我们说过，当祖先神主太多，而无法遍祭时，便产生了毁庙和祧迁的制度，但被迁的祖先神主不能长期得不到祭祀，所以就产生了合祭祖先的袷祭。"袷"这个字，从示从合，是明显的会意字，所以《说文解字》解释道："袷，大合祭先祖亲疏远近也，从示合，《周礼》曰三年一袷。"与禘祭有所不同的是，袷祭是三年一祭。而且，袷祭并不限于王（天子），诸侯、大夫、士也可以举行袷祭。《礼记·大传》说："大夫士有大事，省于其君，干袷及其高祖。"也就是说，大夫士如果进行祭祀，经过君王的许可，就可以进行袷祭。"干袷"，是指无庙而袷祭于坛墠。按大夫、士不得祭高祖，追祭无庙之高祖，须另外筑坛墠而祭，不在庙中。

　　袷祭的主要仪节为：先灌鬯（chàng，以香草调和的酒称鬯）于地来降神，接着奏乐舞来降神，然后杀牲，先献血腥生肉，再献上熟肉；王、王后等向尸（代替神灵享受祭品的人）献酒，行九献之礼。

　　禘祭和袷祭是重要的祭祖礼，《白虎通义》说："祭宗庙所以禘袷何？尊人君，贵功德，广孝道也。位尊德盛，所及弥远。谓之禘袷何？禘之言谛也，序昭穆，谛父子也。袷者，合也。毁庙之主，皆合食于大祖也。"可见，作为祭祖礼的禘祭和袷祭，具有重要社会作用，"禘祭"可以序昭穆、定尊卑，"袷祭"可以合祭祖先，团结宗族，增强宗族的凝聚力。

④ 临事之祭

在祭祖的礼俗中，天子和诸侯除了要在规定时间举行的祭祀（常祭）外，还有其他一些非常规的祭祖活动。如有出巡、出访、出征等活动时，要先到祖庙中举行祭告活动，这些活动都可以称作"临事之祭"。这些"临事之祭"主要是到祖庙中去祭告，因此也就称为"告庙"。

在古代，天子、诸侯若有大事，就一定会到祖庙中祭告，正如《申鉴》卷二所谓"古者天子诸侯，有事必告于庙"。告庙，既是对祖先的尊重，也是希望得到祖先神灵的福佑，同时也带有告别的意味，特别是在出征这样吉凶未卜的情势下。《左传·桓公二年》记载："冬，公至自唐，告于庙也。凡公行，告于宗庙……礼也。"这是说，鲁桓公要到唐地参加盟会，临行之前到祖庙中祭告，这种行为合乎礼的规定。古代天子、诸侯外出为何要告庙呢？《白虎通义》解释道："王者出，必告庙何？孝子出辞，反面，事死如事生。"这是从孝道的角度来解释的，父母在的时候，儿女外出远行时，就要告知父母，从外地返回后，也要向父母禀报平安归来。父母去世后，因不能当面禀报，所以到庙中去禀报，也就是"告庙"。《白虎通义》还讲到："王者将出，辞于祢；还，格祖、祢者，言子辞面之礼，尊亲之义也。《王制》曰：'王者将出，类于上帝，宜于社，造于祢。'"其中，"格"和"造"都是到、至的意思。这句话是说，王如果出行（远行），必须先到父庙（祢）辞行，返回的时候，也要到祖庙、父庙告知平安。天子、诸侯外出必告庙，这里的外出，是指出封地，封地内的出行不叫外出。《尚书大传》说："天子游,不出封圻(qí),不告祖庙。"封圻,指的是封界,可见"出国"不是小事,一定要向祖先禀告,以获得福佑。

遇到战争时,告庙之礼也是必不可少的,《孔丛子》卷中有这样一段记载："子高适卫,会秦兵将至,信陵君惧,造子高之馆而问祈胜之礼焉。子高曰:'命勇谋之将以御敌,先使之迎于敌所从来之方为坛,祈克于五帝,衣服随其方色,执事人数从其方之数,牲则用其方之牲,祝史告于社稷、宗庙、邦域之内名山大川,君亲素服,誓众于太庙,曰:某人不道侵犯大国,二三子尚皆同心比力死守。将帅稽首再拜受命,既誓,将帅勒士卒陈于庙之右,君立太庙之庭,祝史立于社,百官各警其事御于君以待命。乃大鼓于庙门,诏将帅命卒习射三发,击刺三行,告庙用兵于敌也。五兵备效,乃鼓而出以即敌,此诸侯应敌之礼也。'"从这段记述中我们可以看到,子高为信陵君出的应敌之礼中,很重要的一点就是,要信陵君亲自率军队在太庙誓师,并举行告庙礼,向祖先祈福。可见,告庙礼也是非常时期的非常措施。

4.祠堂——家庙与宗祠

先秦时期,士大夫以上的贵族祭祀祖先的礼仪是在寝室旁边的宗庙中举行的。而到了汉代,出现了建立在墓地的用于祭祀祖先的祠堂。《汉书·张安世传》云:"赐茔杜东,将作穿复土,起冢祠堂。"当时的一些达官贵人大都在祖先坟墓旁边建立庙祠,而一般的庶人则仍然只能在自己家中的厅堂上举行祭祖活动。

　　汉代的"祠堂"虽然可以看作是先秦宗庙的演变，但它主要是墓祠，与先秦宗庙有所不同：宗庙都与寝室并排而建，而汉代祠堂基本上都建筑在墓地，很少与家族的宅院、居室联系在一起。而与此同时，帝王和达官贵人的宗庙之制还继续存在。到了唐代，祠堂与官员的宗庙逐步合而为一，发展成为普遍建筑在宅院附近的祭祀祖先的场所——家庙。不过，《大唐开元礼》规定，只有五品以上的官员才能设立家庙。到了宋代，具有家庙性质的祠堂开始普遍出现于当时的一些士大夫阶层的家庭之中。南宋理学家朱熹在其所著的《朱子家礼》一书中说："君子将营宫室，先立祠堂于正寝之东。"这也就是说，一般的士大夫家庭在建造房屋时，通常要先在寝室东边建设一所祭祀祖先的祠堂。朱熹《朱子家礼》还详细规定了祠堂的各种建设制度。此后，家庙便被称为祠堂。

　　但当时修建祠堂有等级之限，民间不得立祠。到明代中叶，礼部尚书夏言于嘉靖十五年（1536年）向朝廷奏上题为《请定功臣配享及令臣民得祭始祖立家庙》的奏疏。这一奏疏被朝廷允准后，原来对庶民立家庙（祠堂）祭祀祖先的限制有所放宽。此后，民间宗族祠堂规制和祭祖礼仪发生了重大变化，民间宗族祠堂得到了迅猛的发展，各强宗望族纷纷建祠立庙，宗祠遍布天下。

　　宋代的祠堂基本上是家庙，而明清时期的祠堂大多是宗祠，即由一家一户的祠堂发展演变为一个大家族、大宗族的共有祠堂。

　　祠堂是祖宗神灵聚居的地方，供奉着祖先的神主，自然是全家族祭祀祖先的场所。祠堂的主要功用，首先就是"慎终追远"，通过祭祀祖先来纪念祖先的功德并祈求祖先的保佑。此外，祠堂还有"民德归厚"的责任。每逢春秋祭祀，全族聚会，沐浴斋戒，齐集祠堂，由族长主持，做礼设祭。通过祭祀，一方面唤起家族团结、血亲相爱的观念。另一方面，祠堂也是族长向族众宣讲礼法的课堂。一般在祭祀仪式开始前，由族长向族人讲述祖宗艰难创业的历史，宣读家训和家族法规，宣讲劝诫训勉之词，宣扬以忠孝节义为中心的儒家伦理纲常。有时族长根据家法和族规在祠堂里开庭审判族众之间的民刑案件，处罚违反家法或者族长认定违反家法的子孙。因此，从某种意义上可以说，祠堂文化集中国古代家训、家法、家礼于一体。祠堂将祭祀文化、家族文化、宗法制度，儒家纲常礼教融为一体，具备继承祖脉、规范言行、劝善惩恶、维系社会和调节家族关系的功能。

六、父子之礼

父母与子女，是古代中国家庭伦理关系中最基本的关系之一。这里所谓"父子之礼"实际上是统摄了父母与子女之间的生活礼仪。

父母与子女之间的生活礼仪，可以分为两个向度和层次：父母对子女，要做到"慈""严""教"；子女对父母，则要做到"孝""顺"。唯有如此，才能建立起父慈、子孝、父子笃的和谐父子伦理关系。

所谓"慈"，即父母要慈爱子女，尤其是在子女年幼生活尚不能自理独立时，父母要尽其所能，给子女提供饮食衣物，使其衣食无虞，免遭饥饿寒冷的侵害。

所谓"严"，是要求父母在子女成长过程中，不能一味地讲究慈爱，甚至是溺爱，而要宽猛相济、恩威并施。一般说来，古代中国家庭中，依据男女性格的差异，"严"的角色，主要由父亲来承担。"慈"的角色，则主要由母亲来承担，故有"严父慈母"之说。

"教"在父母与子女的关系中，是一个重要的方面。儒家经典《礼记·内则》与《曲礼》等文献中，就系统记述了父母教育子女的详细方案：当子女达到自己能够吃饭的年龄时，要教会他（她）使用右手。这并非是一个简单的教会他（她）使用哪只手，如何吃饭的问题，而是教会他（她）自己动手，不等待父母喂食。这种教育，实际是从小培养子女自食其力的意识和自己动手的能力，免得养成依赖他人的心理、习惯。当子女开始学说话的时候，则指导他们学会如何答话，掌握说话的节奏和表意的技巧。这也不是单纯培养孩子的表述能力，更重要的是教育他们从小就懂得与他人交谈时应有礼貌，学会在语言交流中尊敬长者。随着子女逐渐长大，家庭教育的内容和范围也不断拓展，以使其掌握更多的知识和技能，懂得更多的做人与处世的道理和哲理。当子女六岁时，开始教他们学习识数和简单的计算方法，辨认方位。七岁时，要教导他们树立男女有别的观念，男女孩坐不同席，不在一起吃饭。八岁时，要教他们在与别人交往时应懂得的一些进退辞让的礼节，学会在进出门户、入席就餐时，应让年长者先行、先食。这种礼节的教育，实际是在培养子女从小养成尊敬老人、长者及他人的意识和品德，并知道在日常生活和待人接物中，如何使自己的行为举止符合尊长敬老的道德规范。九岁时，再教他们掌握每个月的朔（初一）、望（十五日）和天数，以及纪年、纪月和纪日的方法。十岁时，男女孩分开教育，女孩留在家中，学习妇道。男孩离开家，随师受业，学习文字书写和计算之术，以便养成今后为人处事所需的各种能力和品德以及独立生活的能力。让他们在比较广泛地接触社会中，逐步认识社会，在生活实践中锻炼自己，磨炼自己的意志，学会自理，培养自己适应社会和生活的各种能力。在穿着上，不用昂贵的帛给他缝制衣裤，让他穿用质地普通的布料做的服装。13岁时教他们学习乐舞，15岁时开始教他们学习射、御技术。男子20岁举行象征成年的"冠"礼后，开始系统地学习礼仪。30岁结婚成家后，可以参政议政，接受国家授予的土地，服徭役、兵役等。由此可见，古代中国家庭中对子女的教育内容是极其广泛的，既有忠、孝、仁、义、恭、敬、悌、爱、恕、诚、信等伦理品行的培养，也有各种生产、生活技巧的教导。

而"孝"则是儒家传统伦理思想的一个重要范畴，是儒家传统伦理思想对子女的一种德性要求。孝顺父母，尊重长辈，是中华民族的传统美德。所谓"孝"，包含"养""敬""谏""继志""全身"等一系列内容。孝顺父母，不仅仅是指以功名显达来光宗耀祖，日常生活中对父母的关心、呵护也是孝。若以为只要在物质上供养父母，向父母提供衣服、食物等生活资料即为孝，那是远远不够的。孔子弟子曾子说："大孝尊亲，其次弗辱，其下能养。""亨孰膻芗，尝而荐之，非孝也，养也。"（《礼记·祭义》）意思是说，向父母提供无论是菲薄还是丰厚的饮食，这只是供养父母，还谈不上是孝。或者说，这只不过是孝的最低层面的要求。真正的孝，首先是尊敬、顺从父母，其次是不能让父母因子女的过错而蒙受羞耻。尊敬、顺从父母，有一系列的具体表现。如孝子一年四季，每天早晚都要下气怡声，关心、询问父母安康、舒适与否，即所谓冬温夏清，昏定晨省。这种发自内心的对父母的"敬"，较之单纯向父母提供必需的生活物质资料的"养"而言，显然又提升了一个层次。这样，即便是饮食恶劣，只要能尽力而为，只要能让父母的精神时刻保持愉悦的状态，也是一种孝顺。子女无论是外出还是归来，都要及时向父母禀告，免得父母心中牵挂。若父母健在，子女就不能长久在外游历，即便出游，也要时刻与家人保持联系，告知自己所在之处，并常常回家看视父母。不能做危险的事情，不做容易触怒别人的事情。如果父母做了违背礼义道德之事，古礼既主张"子为父隐"，不到处宣扬、暴露父母的过失，又主张子女在父母犯过错时，应委婉地劝谏，避免父母犯下更严重的过失。父母患病，子女要相应改变日常生活的饮食、起居、娱乐乃至音容及喜怒哀乐等情绪，以示子女内心对父母疾病的担忧和牵挂。父母去世，则葬之以礼，祭之以礼。要保护身体，注重个体道德修养。对父母的"孝"还包括继承父母之志，"三年无改于父之道，可谓孝矣"。父母若为人残害而死，子女要千方百计，甚至可以不择手段，杀死仇人，为父母复仇。《礼记·曲礼上》说："父之仇，弗与共戴天。"即子女不能与杀害父母的仇人共活于世上。自汉代以后，历代统治者因推崇以孝治天下，对此类血亲复仇之举，往往多网开一面，予以赦免，甚至有时还加以旌表，因而这种血亲复仇的风气在我国古代颇为盛行。

七、夫妻之礼

男女婚姻关系，亦即夫妻关系，在儒家伦理思想体系中居于非常重要的地位。正如《礼记·昏义》所说："男女有别，而后夫妇有义；夫妇有义，而后父子有亲；父子有亲，而后君臣有正。故曰昏礼者，礼之本也。"夫妇之间的"和""顺"，是儒家礼乐文化所追求的家庭伦理的一项重要内容。在中国古代宗法社会中，夫妇关系的确立是人生的重大事件。婚姻不仅仅是满足男、女异性彼此之间的生理需求，而且也是关系到宗（家）族繁衍、延续的头等大事，所以，婚礼与夫妻关系颇受重视，甚至被视为"礼"之根本。

在家庭中，古礼对夫妻双方都提出了如下明确的要求，一是要"夫和、妻柔"，即丈夫要对妻子和气、尊重，妻子对丈夫要柔顺、体贴。一是"夫义、妇听（顺）"，即做丈夫的为人处事要秉持正义，不能违背正道。在此前提下，做妻子的要服从丈夫。丈夫如有失礼之举，妻子则要心怀忧惧，自我励惕，不能做出同样失礼的举动。随着父权制的确立、稳固，男子（丈夫）在夫妻关系中日益处于主导、统治地位。因而在汉代确立的三纲伦理体系中，"夫为妻纲"就成为家庭伦理的主要组成部分之一。对女子（妻子）而言，则要遵从"三从四德"的约束。所谓"三从"，是指女子未出嫁时要遵从父亲之命，结婚后要遵从丈夫之言，如果丈夫去世，就要遵从儿子之言。所谓"四德"，是指女子在品行、言语、容貌、技能方面应具备的基本素质，即妇德、妇言、妇容、妇功。东汉女子班昭在《女诫》一书中，对"四德"的内容进行了详细的阐释。她认为，女子的妇德，不必表现为聪明智慧绝伦，只要做到贞静守节、举止符合伦理规范即可。妇言，不必表现为伶牙俐齿，只要不说淫秽恶毒之语、说话有条理符合道德规范即可。妇容，不必强求容貌出众，只要保持身体整洁、服饰整齐即可。妇功，不必表现为技巧超过他人，只要能做到不一味地与亲友嬉笑玩耍，而是专心操持家务、为家人亲友准备好整齐洁净的酒食即可。

丈夫或妻子任何一方不遵循"礼"，婚姻关系将被解除。由于男性在古代中国家庭中相对来说处于主导地位，因而，在离婚问题上，也存在着由男性主导、决定的礼制规定，即礼书中记载的所谓"七出"。《大戴礼记·本命》记载"七出"的内容包括：女子不孝顺丈夫的父母、不能生育子女、淫荡、妒忌、有恶疾、多嘴饶舌、盗窃。如果某女子品行中有上述一条或数条，那么，丈夫或其家人就有权逼迫女子离婚。同时，为防止丈夫随意休弃妻子，《大戴礼记·本命》还规定女子若符合下述三项条件中的一条或数条，即有所娶而无所归（意思是说女子出嫁时尚有父母或兄弟，结婚数年后，父母兄弟及其他家人相继去世或流亡，若被休弃则无家可归）、为公婆守过三年丧、男子娶妻时贫贱后来富贵，丈夫就不能随意逼迫妻子离婚，这就是所谓的"三不去"之礼。

八、兄弟之礼

　　兄弟之间的血缘关系，被古人视为与君臣、父子、夫妇、朋友并列的社会、家庭伦理关系，列为五"达道"之一。中国古"礼"强调兄弟之间保持良、悌、友、恭、爱、敬等和睦的伦理关系。古代中国的家庭中，既有同父同母的兄弟，也有同父异母、异父同母的兄弟。为避免兄弟之间争权夺利，古人确立了嫡庶制。嫡妻生育的子女为嫡子，妾生育的子女为庶子，嫡子、庶子在家庭中享有不同的权利、地位。如大家都熟悉的中国古典小说《红楼梦》中，就成功地塑造了贾宝玉、贾环、贾探春等艺术形象。他们虽为同父异母兄妹，待遇却有天壤之别，其原因就在于他们嫡庶身份的不同。贾宝玉因是贾政嫡妻王氏生育，因而受到祖母等人的百般溺爱。贾环、探春因是姨娘（妾）生育，在贾府中的地位难免相形见绌。

　　长幼有序、亲疏有别，是古代中国家庭，尤其是贵族家庭中，兄弟之间相处应遵循的基本礼仪。在遵守长幼有序、亲疏有别原则的前提下，古礼要求兄弟之间要相互友爱、互敬互助。简言之，要做到兄友弟恭，或谓之兄仁弟悌。意思是说，做哥哥的，要友爱、关怀、照顾弟弟；做弟弟的，要对哥哥恭敬、顺从。在《大戴礼记·曾子事父母》中，对兄弟之礼进行了种种规范：对哥哥而言，若父母均已去世，就要主动承担起抚养弟弟的义务。弟弟成年后，要及时为弟弟举行冠礼、婚礼。对弟弟合乎正道的作为，要予以称赞。对弟弟不合正道的作为，要批评、教育他。对弟弟而言，要尊敬、爱护哥哥。吃东西时，弟弟要让哥哥先吃。干活时，弟弟要抢着去做。走路时，弟弟不能走在哥哥前面。看见哥哥，弟弟要起立迎候。弟弟不能冒犯哥哥，不可在哥哥面前表现出松懈倦怠的神情。东汉末年的孔融是我国古代兄弟友爱的楷模。除了"孔融让梨"的故事脍炙人口之外，他与哥哥孔褒"争死"的事迹也流芳百世：东汉末期宦官专权，制造"党锢之祸"，大肆搜捕、诛杀正直之士。张俭因得罪宦官侯览遭到通缉。孔融的哥哥孔褒是张俭的好友，于是张俭便去投奔他。不巧孔褒不在家，孔融当时只有 16 岁，并不知实情，但看到哥哥的朋友张俭形色慌张，于是便把张俭留下来。后来事情败露，张俭逃走，孔融、孔褒却被逮捕下狱。孔融说人是他留下的，他该负责。孔褒说："彼来求我，非弟之过"，坚持要由自己负责。郡县官吏拿不定主意，只好如实上报朝廷。最后皇帝定了孔褒的罪，下令杀死了孔褒。孔融虽然最终没能救得了哥哥孔褒，但他友爱兄长、凛然争死的高风亮节流传了下来。

此外，东汉末年的王祥、王览兄弟，也可谓兄弟友爱的典型。王祥幼年丧母，对父亲和继母朱氏恭谨孝顺，二十四孝故事中所说的卧冰求鲤，就是王祥的事迹。朱氏生育王览后，视王祥为眼中钉、肉中刺，必欲除之而后快。王览年幼，见母亲虐待异母哥哥,动辄涕泣,甚至抱持哥哥,阻止母亲继续行凶。童年时,王览屡屡劝谏母亲。每当朱氏刁难王祥,支使他干一些超负荷的劳动时,王览都主动与王祥一起去做。有一次,朱氏准备以毒酒毒死王祥。王览、王祥都怀疑酒中有毒,为彼此保护,兄弟争着喝这杯毒酒。朱氏担心王览被毒死,只好抢过酒杯,将酒泼洒在地上。自此以后,朱氏给王祥准备的饮食,王览都要先品尝,检验是否有毒。朱氏担心王览受害,只好打消了毒杀王祥的念头。

中国古礼主张父母子女兄弟累世同居,共有家产。南朝梁人吴均撰写的《续齐谐记》中记载了一个田真三兄弟分家的故事。京兆人田真于父亲去世后,三兄弟共议分家。家产已均分完毕,唯有堂前一棵根深叶茂的紫荆树,无法均分。经过协议,兄弟三人决定将树均截为三段,每家一段。但第二天去截树时,却发现紫荆树一夜之间已枯死。兄弟三人见此景象,十分震动,认为树尚且不愿意分离,何况人呢!于是兄弟三人发誓,不再分家。奇异的是,那棵本已枯萎的紫荆树,又复活如初。自此,紫荆树就成为兄弟同心、团结的象征。这则故事显然有虚构的成分,但香港回归中国后,以紫荆花为香港特别行政区区花,并将紫荆花印制在香港特别行政区区旗上,即寓有与祖国骨肉相连永不分离之意。

不过,一个大家庭在发展过程中,分家往往是难以避免的。由于分家涉及诸多利益,极易引起纠纷,甚至导致兄弟反目成仇。这就要求兄弟秉持和睦、友爱之礼,公平公正地分割家产,妥善解决利益分配问题。在古代传统社会,如果父亲去世,兄弟分家，基本原则是大致平均分割家产。但由于我国古代是一个以嫡长子继承制为基本原则的宗法制社会，因而在分割家产时，嫡长子有权多分一些，理由是嫡长子有责任主持祭祀祖先的家族事务。又由于我国古代社会和家庭结构都是以男权为中心，因而在家产分割时，较少考虑到姊妹的权益：如果姊妹已经出嫁，一般不能参与分割家产；如果年幼未嫁，则要给她预留一份财产，作为日后出嫁时的嫁妆。

九、宗人之礼

宗人，即世系可追溯至同一祖先的同一宗族之人。宗人制度奠基于血缘关系，源自原始社会，历经夏商的不断发展，至西周而完备的宗法制度，成为维系族人的重要手段和工具。宗族依据血缘关系的亲疏，通过层层划分的大宗、小宗，建立起严密而有序的社会组织。

宗子（即后世的族长）是某一宗族的最高首领，宗子之位，由该宗族第一代宗子的嫡长子世袭。宗子在本宗族内拥有至高无上的地位，享有种种特权。在该宗族内，宗子的众兄弟必须像侍奉父亲那样，侍奉宗子及其妻子。宗族子弟或族人即便比宗子富裕，或比宗子地位尊贵，也不得因此而傲视、藐视宗子。这些比宗子富贵的宗人在拜见宗子时，要将盛大的车骑仪仗停放在门外，然后轻装卑服，进门拜见宗子。宗人如果受到君主的赏赐，那么，要将好的赐物献给宗子享用，自己留用次等品。

宗子享有主持祭祀和占卜的权力。在宗法家族内部，唯有宗子享有主持祭祀祖先的权力。其他宗人若想祭祀祖先，表达对祖先的思念之情，不能私自主持祭礼，而是要准备牺牲酒醴，拿到宗子家，在宗子主持下，举行祭祀。只有在宗子家祭祀共同祖先后，才能回到自己家中，祭祀自己的祖、父，谓之"私祭"。如果因为某种原因，宗子与宗人失散，流落异地异国，留居于祖居地的宗人，也不得擅自主持举行祭祖礼，只能在祖先墓地临时修坛，举行祭礼。只有确知宗子去世后，才可以在家中举行祭祀祖先礼。占卜也是宗子垄断神意、控制宗人而独享的权力。宗人若遇到疑难事情，需求神占卜，也必须请宗子到场主持。

宗子享有处置宗人的权力。宗人若违背国家法律或触犯本宗族的族规，宗子有权对他们加以惩处。违法违规严重者，宗子甚至有权在宗庙中，聚集宗人，处死违法者。

宗子还享有统率本宗族私人武装的权力。西周、春秋时的兵制，大体说来，由国家常备军和各宗族私人武装（文献中谓之"族""私属""私属徒"）组成。国家常备军，主要由地位显赫的卿、大夫统率。而各宗族的武装，则由宗子统率。各宗族的武装，或参加国家发动的征伐战争，或参加各宗族之间争权夺利的内战。春秋时，晋国大夫郤克出使齐国，因其跛疾遭到齐国人的嘲笑，于是愤而回国，请求晋君出兵伐齐。被晋君拒绝后，他又请求率领"私属"伐齐。

宗子在享有上述权力的同时，承担有庇护宗族成员生命、财产安全的义务。他要运用所有手段，保护本宗族免遭侵犯、覆灭。《诗经》中所说的"宗子维城"，即将宗子视为整个宗族赖以生存的"干城"，表达的就是这个意思。

　　宗子还要承担团聚宗族、管理宗族有关事务的责任。宗子要利用祭祀祖先、年终合族聚食的机会，将子侄宗人招聚在一起，饮酒会食，既对宗人是一种恩惠，也可借此方式，增进宗子与宗人之间、宗人与宗人之间的感情联系，加强宗族的团结。

　　宗人要服从宗子的管辖，尊重宗子的权威。宗人的若干重大举动，如嫁娶、丧葬、远行等，基本上都要征求宗子的意见，遵从宗子的命令。宗人彼此之间，要患难相恤、祸福与共。如宗族中有谁生活困难，难以为继，其他宗人要主动承担在经济上接济、救助贫困者的责任。有谁面临困难，其他宗人就应提供钱物，或提供人力予以资助。

传统交际礼仪

一、拜访应酬之礼

人在社会中生活，自然免不了与同事、朋友交际、应酬。交际应酬之礼是儒家礼乐文化的一项重要内容。儒家经典《仪礼》所收录的《士相见礼》一篇，即详细地记述了先秦士阶层的拜访应酬礼仪，兼及士见大夫，大夫相见，士、大夫、庶人见君以及言谈、视看、侍食等方面的礼仪。此外，《仪礼》的其他篇章及《礼记》等礼书中也有若干拜访应酬的礼仪内容。综合有关文献记载，先秦时期的拜访应酬礼节大致包括如下内容：

一般来说，拜访尊者应事先约定。如果突然造访，会打乱主人的正常工作与生活秩序，这是失礼的行为。时间一经约定，就一定要守时，不要提前太早到，更不能迟到。

拜见长辈或尊者，需要准备一份礼物，谓之挚（贽）。准备什么样的挚，取决于彼此的身份与亲疏、远近关系，以及尊长的个人喜好等。礼书记载，如果宾、主都是士，那么相互拜访时，要以雉（野鸡）为挚，取雉性格耿介、交际有时、择友有别的习性。如果宾、主的身份都是下大夫，那么他们相见时，应以雁为挚，取雁即便是飞翔时也遵守尊卑长幼有序的习性。如果宾、主的身份都是上大夫，那么他们相见时，应以羔为挚。取羔羊皆遵从头羊领导，虽群居而不私自结党的习性。拜访结束后，主人可在客人告退时，或在随后对客人进行回拜时，将客人携带来的挚归还客人。若主人位列尊长，或是求婚者所送来纳彩礼、学生拜见老师的挚见礼，则不必退还。

客人到达时，如果客人尊卑地位与主人相当，主人就要出外门（大门）迎接。若主人地位尊于客人，那么主人就立于外门之内，由傧者（地位类似于后世富贵之家的管家）至外门外，将客人迎接入门。宾、主先相互行拜礼或揖礼。据《周礼·春官·大祝》记载当时实行九种跪拜礼，由行礼者根据不同场合及行礼者与受礼者的身份关系来选用：

（1）稽首：拜礼中级别最高的一种礼仪，臣下拜见君主时，必行此礼。行礼时，施礼者屈膝跪地，双手合抱，左手按右手（掌心向内），先拜头至手（谓之拜手），再缓缓叩头至地。这是九拜中最隆重的拜礼，常为臣子拜见君王时所用。后来，子拜父，拜天拜神，新婚夫妇拜天地、父母，拜祖，拜庙，拜师等，也都用此大礼。

（2）顿首：亦称"稽颡"，多适用于地位相当者。颡，即额，脑门。所谓顿首，即指额头着地。此礼与稽首礼相似之处在于行礼者也须跪拜叩首。相异之处在于行稽首礼时，行礼者头触地时较缓，头、地接触时间较长；而行顿首礼时，行礼者头触地时较快，头、地接触时间较短。

（3）空首：亦称"拜手"，与稽首、顿首礼有相似之处，皆需跪拜，但行礼者的头不需触及地面，触及手后即可起身。

（4）振动：行礼者双手相合拱手，身体向前弯曲。

（5）吉拜：主要适用于祭祀等礼仪活动，先拜手后稽颡，行礼方式与顿首礼相近。吉拜时左手在上。

（6）凶拜：主要适用于丧葬礼仪，先稽颡后拜手。凶拜时右手在上。

（7）奇拜：一拜之礼。"奇"，指奇数，一即奇数。一说行礼者先弯曲一条腿，另一条腿则膝盖着地，或手持节、戟，身体依附节、戟行拜礼。

（8）褒拜：指行两次或两次以上的拜礼。褒字之义，《周礼注疏》曰："褒读为报，报拜，再拜是也。"

（9）肃拜：此礼为女子及身穿盔甲的武士所行，行礼者先跪地，但不俯身引首，只将手下垂即可。

与跪拜礼隆重、严肃相比较而言，简便易行的揖礼、拱手礼在日常生活中使用最为广泛。人们交际时，多采用曲身、拱手向对方致敬。所谓拱手，即作揖，双手合抱胸前，向对方致意。若要向对方表示敬重之意，行礼者在拱手的同时，应躬身致意。

行礼毕，宾由门左（西边）、主人由门右（东边），在主人引领下相随入门。在庭院中，宾、主数次作揖后，分别由堂西边的台阶（谓之客阶）、东边的台阶（谓之主阶）上堂。如果室内有他人，那么，客人上堂时，要有意提高说话的声音，这样可以使室内的人有所察觉，从而使言谈举止符合礼仪的要求。客人如果在主人居室的门口看到门口放着两双鞋或多双鞋，那就表明室内至少有两个人或更多人。如果室内人谈话声音很大，这说明是一般性的聊天，客人可以进去。如果室内人说话的声音比较低，这意味着主人可能在里面正与其他人谈论一些不足为外人道的事情。这时，客人既不要偷听，也不要贸然进入。

由于先秦秦汉时人采取席地跪坐的坐姿，所以，进门时一般要脱下鞋子、袜子，放在室门口，跣足（赤脚）入席，以免鞋子、袜子上的污秽弄脏了席子。入室跣足，是客人向主人表示敬意的一种方式，否则就有可能引起纠纷、冲突。据《左传》哀公二十五年记载，春秋时，卫国国君款待大夫们饮酒，褚师声子只脱去鞋，没有脱袜子就入席了。卫国国君认为这是对他的藐视，非常愤怒。褚师声子连忙解释，说自己患有脚病，不便脱袜，否则会让国君和大夫们恶心、厌恶的。尽管其他大夫在旁求情、劝说，卫国国君仍然很生气，认为决不能允许这样的事情发生。褚师声子无奈，只好退出室外。卫国国君仍高声辱骂，威胁要砍断他的腿。

是否脱履，应视具体情形而定，不可一概而论。若平时在堂上或室内休息或从事一般性的事务时，即便是君主，也必须脱履。若在堂上或室内举行祭礼时，无须脱履。举行宴饮礼时，在主人与众宾客举行献酢酬及旅酬礼节时，宾、主皆不脱履。撤俎后行无算爵时，才脱履入席。

脱鞋时，不要踩踏别人的鞋子。脱下的鞋袜，放置于何处，应依据所处地点及脱鞋袜者的身份而定。若在室内，那么，鞋袜应脱下放置在户外，唯有地位最尊贵的那个人的鞋袜可脱放在户内。若在堂上，那么，鞋袜应脱放在台阶之下，唯有地位最尊贵的那个人的鞋袜可脱放在堂上。

关门的时候，要遵守户开亦开、户阖亦阖的礼仪。就是说，如果进门时门是开着的，意味着后面或许还会有其他人进来，就仍然开着门；如果门原来是关着的，客人进来时最好把门关上。进门之后，不要随意跨越地上陈列的琴、书简等物，而要绕开这些东西，行至自己的座位。

就座时，一般要遵循尊者先坐、卑者后坐的礼仪，所以晚辈、卑者既不能大大咧咧地随意而坐，也不能先于尊长而坐，要等尊长落座后再坐下。如果主、客是平辈，或尊卑地位相当，则要互相谦让，客人最好不要先坐下。如果拜见尊长，最好不要坐在尊长的旁边，因为那样有与尊者平起平坐之嫌，一般应坐在尊者的对面，但不要距离太远，否则就有与尊长刻意保持距离之嫌，容易引起尊长的反感。彼此座位间的距离，以一根拐杖的长度为宜。这样，尊长教诲时，有指画的空间。

坐下时，要注意自己的坐姿。先秦时，华夏族人采取跪坐的姿势，即屈膝跪在地上，两膝着地，臀部落在脚跟上。若两膝着地，臀部不落在脚跟上，身体挺直，则变为跪礼。跪而挺身、挺腰，则称为跽，是长跪之意。若变坐姿或跪姿为跽，则含有起身告辞之意。若采取"箕踞"的坐姿，即坐时采取臀部着地，两腿前伸，形似簸箕，则表示对对方的轻视、侮辱。战国末，秦国大兵压境，弱小的燕国岌岌可危。燕太子丹派刺客荆轲入秦，寻机刺杀秦王。行刺失败后，荆轲箕踞辱骂秦王，表示对秦王的藐视。

晚辈、卑者与尊长交谈时，合乎礼仪的做法一般包括：一是"主人不问，客不先举"，意思是说，尊长没有谈到某个方面的话题时，客人不宜先挑起这一话题。二是"长者不言，毋儳（chán）言"，意思是说，何时谈论什么话题，应由尊长主导，尊长暂时还没有谈到的话题，客人不宜打断长者的论说，另起话头。三是"不辞让而对，非礼也"，意思是说，若尊长有所询问，晚辈先应以才疏学浅为由，谦虚地推辞，请别人回答尊长的问题。如果尊长再次指定由你来回答，就不再推辞，坦率地说出自己的想法、看法。四是"毋剿说，毋雷同"，回答尊长的问题时，不要一味地引用别人的说法，或刻意迎合别人的意见，应敢于发表自己的见解。五是应注意自己的举止、神态，要做到"坐必安，执尔颜"，即坐姿要端庄稳重，不要抓耳挠腮、左顾右盼；神色要凝重，不要嬉皮笑脸。

晚辈、卑者还要注意自己的视线。目光不要游移不定，否则显得心术不正，或者此行有其他目的。如果视线游离于对方的头部，会显得有些傲慢；如果视线总是落在对方的脚上，会让人觉得心不在焉，或有什么其他的心事。所以，合乎礼仪的做法是："始视面，中视抱，卒视面，毋改。"就是说，与别人交谈时，最初要看对方的眼睛，或者眼睛稍下的部位。谈论一会后，目光可以稍微下移，看对方的胸部、腹部。最后，谈话结束时，目光再上移到对方的脸部。

到别人家中拜访，一定要留意时间，适可而止，既不要寥寥数语，匆遽告辞，也不宜滔滔不绝，高谈阔论，耽搁太长的时间。此外，当尊长有意识或无意识地做出某些举动，如打哈欠、频繁地问膳食是否已经做好等，这就意味着他已经很疲倦或饥饿了。这时，客人应找理由告辞，否则就有些失礼了。

当客人提出告辞的时候，主人一般都要婉言相留，并会根据主客之间的亲密程度，决定是否留客人一起吃饭。客人同样可以根据主客之间的关系，接受或婉言谢绝主人的邀请。如果客人执意离开，主人应该起身送客。根据与客人的关系，或送到门口，或送到村口，关系尤为亲密者，甚至有长相送的习俗。

若主、客地位相当，那么，客人离开后，主人应该选择适当的时间去客人家拜访，谓之回访，也称回拜。

二、宴饮之礼

自古以来，宴饮，尤其是聚合多人举行的宴会，不仅仅是简单的吃吃喝喝，更是一种重要的社会交际手段。《礼记·礼运》说："夫礼之初，始诸饮食。"就是说最早的礼仪，形成于人们的饮食活动。为使饮食活动有秩序、有条理地进行，必须制定一定的礼仪来加以指导和约束。至迟在周代时，已形成一套相当完善的饮食礼仪制度。《仪礼》中的《乡饮酒礼》《燕礼》《公食大夫礼》《少牢馈食礼》诸篇，都是专门记载宴饮礼仪的专门文献。此外，《仪礼》中的《士冠礼》《士昏礼》《聘礼》，《周礼》之《秋官·大行人》，《礼记》之《投壶》《乡饮酒义》等篇，也都详略不等地记载了若干宴饮礼仪。

宴饮类型众多。若据宴饮举行者、参加者的社会等级及规模，大致可将其分为宫廷飨燕礼仪和民间一般的宴饮礼仪两大类型。燕与宴，二字为通假字。飨礼、燕礼有所区别：飨礼在太庙中举行，以太牢款待宾客，献酒爵数有一定之规。燕礼在寝宫举行，主、宾献酒行礼后，即可开怀畅饮，一醉方休；飨礼重在礼仪往来，不注重饮食。燕礼虽然也制定有一定的礼仪规范，但重点在吃喝。秦、汉以后，虽很少有人完全照搬礼经的规定举行飨、燕之礼，但历朝天子宴群臣，犹遵旧礼遗风。汉、魏时元旦（正月初一）朝会、晋时冬至小会以及唐代圣诞（皇帝诞辰）朝贺之后，都举行筵宴，称为"大宴"。其他节日，如立春、上元、寒食、上巳（三月三）、端午、七夕、中秋、重九等，皇帝也常赐宴，称为"节宴"，宋代称为"曲宴"。另外，国家有大庆、大礼、事功告成及宫室落成等，也多设宴庆贺。明代宴会分大宴、中宴、常宴、小宴。大祀天地后之次日、正旦（正月初一）、冬至及万寿节（皇帝诞辰）为大宴。大宴行酒九爵，中宴七爵，常宴三、五爵。

传统的宴饮礼仪，一般是先由主人向有关亲朋宾客发出邀请。若无特殊情况，受邀者一般应接受邀请，并准备一份礼物，按照约定的时间，适时到达。客人到达后，主人应视其身份、地位，或在大门外，或在大门内迎接。迎接身份、地位高的客人，要在大门外；迎接身份、地位低的客人，在大门内即可。然后，依据客人的身份、地位，为其安排座位。座次要严格按照尊卑长幼的次序加以安排，不能随意坐。

宴会的座次是有一定的尊卑规则的。古人习惯席地而坐，今日所见桌椅，南宋时才广泛采用。先秦时期，古人的宴饮活动主要是在堂上或室内铺筵加席进行。筵一般用蒲、苇等粗料编制，粗糙宽大，直接铺在地上；席类似于今日之坐垫，用草、竹细料编制而成，短小精致。因而宴会活动被称为筵席。宴饮时，先把筵铺在地上，然后根据饮者的地位和身份加席。如果宴会安排在堂上，一般都以南向为尊，主要宾客都安排朝南坐。如果宴会安排在室内，以在西墙前铺筵加席、饮者坐西朝东的位置为最尊；其次是在北墙前铺筵加席，饮者坐北向南，再次是在南墙前铺筵加席，饮者坐南面北；最卑的座次是在东墙前铺筵加席，饮者坐东面西。《史记·项羽本纪》就记载了这种座次安排。鸿门宴上，项羽、项伯东向坐，亚父（范增）南向坐，沛公北向坐，张良西向侍。项羽是主位，东向坐，而南面（即面向南）为上，坐的是亚父范增，显示项羽对范增的尊敬，张良地位最低，不能叫坐而叫侍，意思是与今天的侍从差不多。

参加宴会就座时，要遵守"虚坐尽后，食坐尽前"（《礼记·曲礼》）的规则。按古人宴会时席地而坐，有非饮食之坐（又称虚坐或徒坐）和饮食之坐之分。非饮食之坐时，为表谦虚，要尽量靠后坐；而在饮食之坐时，应尽量靠前坐，以免掉落饮食沾污席子。

中国传统宴饮之礼，在宴饮正式开始之前，主、宾都要先举行简单的祭礼，以感谢、纪念创造饮食的祖先。祭品若为食物，则祭于几案。祭品若为酒，则洒于地而祭。按进食的顺序，依次举行祭祀。宴饮正式开始后，主人要先擎起酒杯向客人敬酒，这叫作"献"；客人饮毕，擎起酒杯表示回敬，谓之"酢"；主人先自饮，然后再劝宾饮酒，谓之"酬"。献、酢、酬进行一轮，谓之一献。若天子款待诸侯，如受款待者爵位分别为公、侯、子男，则分别行九献、七献、五献之礼。卿、大夫、士行宴饮之礼，则行一献或三献之礼。九献、七献、五献、三献、一献，皆谓之正献。正献礼毕，众宾按照尊卑长幼次序，依次相互敬酒，谓之旅酬。旅酬礼毕，主、宾饮酒可以开怀畅饮，不再计算数量，谓之"无算爵"。

据《仪礼》记载，先秦食礼用饭，用手取饭而食，用手握一把饭谓之一饭。初食三饭，卒食九饭，共十二饭。每次取饭，分三次吃完。每吃三饭，就用浆水漱口，谓之"漱"。十二饭礼毕，用酒漱口，谓之"酳"（yìn）。

古代的宴饮之礼有严格的规矩约束饮食活动。其不仅讲求饮食规格，而且连菜肴的摆设也有一定的规则。《礼记·曲礼》说："凡进食之礼，左殽、右胾。食居人之左，羹居人之右。脍炙处外，醯酱处内，葱渫处末，酒浆处右。以脯脩置者，左朐右末。"就是说，凡是在宴会上陈设食品，带骨的熟肉放在左边，切成小块的纯肉放在右边。干的食品菜肴置于人的左手方，羹汤放在靠右手方。细切的和烧烤的肉类放远些，醋酱类放在近处，蒸葱等伴料放在旁边，酒浆饮料放在右边。如果要分别陈列干肉、牛脯等物，则弯曲的在左，挺直的在右。这套规则在《礼记·少仪》中也有记载。上菜时，要用右手握持，而托捧于左手上，上鱼肴时，如果是烧鱼，以鱼尾向着宾客；冬天鱼肚向着宾客的右方，夏天鱼脊向宾客的右方。

在用饭过程中，也有一套繁文缛节。《礼记·曲礼》规定：大家共同吃饭时，不可只顾自己吃饱，不要揉搓手（按古人吃饭用手直接抓取，与人共饭时如揉搓手，会使人有不洁之感），不要用手搓饭团，不要把多余的饭放回食器中，喝汤时不要喝得满嘴淋漓，吃饭时不要吃得啧啧作响，不要啃骨头，也不要把肉骨头扔给狗吃，不要当着主人的面调和菜汤，不要当众剔牙齿……

宴饮将结束，主人不能先吃完而撤下客人，要等客人食毕，主人才可停止进食。同样，如果主人尚未吃完饭，客人也不要忙着用酒浆漱口。

饮礼的第一献之后，主人要向宾客赠送礼物以劝酒，谓之"酬币"。食礼的初食礼毕，主人要向宾客赠送礼物以劝食，谓之"侑币"。所赠送的礼物，一般为一束帛、两张鹿皮或四匹马。

宴饮礼毕，客人须主动跪在自己的食案前，整理好自己使用的餐具和剩下的食物，交给主人的仆人。待主人表示不必客人亲自动手收拾，客人才住手，重新坐下，由主人家的仆人收拾。飨礼结束后，主人要将俎上陈列未食用的牺牲，分割包好，赠送给前来参加宴会的众宾客，谓之"归俎"。

三、敬老之礼

宗法关系是我国古代社会人伦关系的基础。宗法社会强调"孝"，要求家庭成员要尊重自己的祖先，孝顺父母，尊敬、赡养家族中的长辈。这种"孝"观念为儒家礼乐文化所继承和发扬光大。奠基于"孝"观念的敬老思想和习俗，成为我国传统文化中的一项重要内容。孔子作为儒家礼乐文化的最重要的倡导者，非常重视"孝"的社会意义，他在《论语》一书中对"孝"观念进行了多方面的阐述。孟子则提出"老吾老以及人之老"，主张把"孝"推己及人，要求人们像尊敬自己家里的老人一样去尊敬社会上所有的老人。这一观念对后世养老、敬老影响颇大。

据儒家经典《周礼》《礼记》等记载，周代已经制定、实施了比较完备的国家、个人养老、敬老的礼仪。国家要赡养的老人主要有三种:一是大夫以上贵族中的老者,称为"国老"。二是士及平民中的老者,称为"庶老"。三是为国捐躯者的老人,称为"死政者之老"。

周代制定了一系列措施,用以保障老年人的衣食温饱。《礼记·王制》记载,50 岁的人,可以吃比较精美的细粮。60 岁的老人,要经常食用肉食。70 岁的老人,家人应另外为他们准备一份膳食。80 岁的老人,要经常吃到时鲜食品。90 岁的老人,要把饮食放在他们的居室里,他们外出时,也要准备饭食,随时供应。《管子·入国》对为不同年龄的老人供应肉食的频率,也有详细规定:70 岁以上的老人,每三个月,由官府负责馈送肉食。80 岁以上的老人,官府每个月都要馈送肉食。90 岁以上的老人,官府每天都要负责供应肉食。

在古代中国,适龄公民都要承担徭役、兵役等义务。而年龄老迈者及其家人,则可依据其年龄,相应享受免役的特权。《礼记》之《王制》《祭义》等篇文献记载,周代人年满 50 岁时,本人就可以免除徭役。年满 80 岁的老人,可以免除他一个儿子的徭役,以便在家中侍奉老人。年满 90 岁的老人,可以免除全家人的徭役。《管子·入国》则记载,家中有 70 岁以上的老人,可以免除其一个儿子的赋役。有 80 岁以上的老人,可以免除其两个儿子的赋役。有 90 岁以上的老人,免除其全家人的赋役。《周礼·地官·乡大夫》则依据居民身份的不同,把免除赋役的年龄划分为两种类型:居住在城中的国人,免役的年龄定为 60 岁。居住在城外的野人,免役的年龄定为 65 岁。

据《礼记·王制》记载，上古时期就有由国家出资，在专门的机构集中不同身份的老人以养老的礼仪规定：有虞氏养国老于上庠，养庶老于下庠。夏后氏养国老于东序，养庶老于西序。殷人养国老于右学，养庶老于左学。周人养国老于东胶，养庶老于虞庠。庠、序、学、胶，皆为学校机构的名称。它们在作为教育机构的同时，还承担有国家养老的功能，颇类似于今天的养老院。而且，在学校中养老、敬老，还可以让这些老者时刻向青年学子灌输孝悌的观念。

《礼记·曲礼上》记载，年满80岁的老人，即便犯罪，也不施加刑罚。《王制》篇记载，周代老人行走扶持以支撑身体而使用的杖有比较严格的年龄、使用地点的礼仪规定：卿、大夫一般应在70岁时致仕（退休），如果君主不允许他退休，那么，就必须赐予他几、杖，以示优崇。若他因公外出，要安排人细心服侍。到外地去，还享受乘坐安车的礼遇。50岁的老人，可以在家中扶杖。60岁的老人，可以在乡里扶杖。70岁的老人，可以在国中扶杖。80岁的老人，可以在朝廷上扶杖。90岁以上的老人，即便贵为君主，若想向他请教、咨询问题，也必须亲自到老人家里，并带上礼物。

《礼记·乡饮酒义》规定：举行乡饮酒礼时，老人们可依据年龄的高低，享受不同的礼遇。年满60岁的老人可以享受坐在座位上的礼遇。年满50岁不到60岁的人，只能站着，服侍年长的老人饮食。年满60岁的老人，可以为他准备三豆食肴。年满70岁的老人，可以享用四豆食肴。年满80岁的老人，可以享用五豆食肴。年满90岁的老人，可以享用六豆食肴。以此体现对老年人的尊敬和赡养。饮酒席次、座位的安排，也以年龄为序，年长者列入尊位。

　　儒家礼典中的上述有关养老、尊老的礼仪规定，许多为秦汉以后的历代王朝所采纳与遵循。如秦代法律明确规定，不尊老敬老，将受到法律的惩处。秦律规定，殴打父母和家族中的长辈，要受黥刑及做劳役的惩处。老人若控告晚辈不孝，要立即拘捕被告，不得宽宥。西汉建立之初，刘邦就颁布养老、尊老的命令：规定每乡选择乡三老一人，每县选择县三老一人，给予他们一定的政治地位，县令、县丞若有疑难事务，应向他们咨询、求教。免除他们的徭役，每年十月岁首，要赐给他们酒肉。后来，每郡也设三老一名，享有为郡守之师的礼遇，承担接受并处理有关诉讼、教诲本郡年轻人等职责。汉文帝时颁布养老令，规定国家每月赐予80岁以上的老人一石米、20斤肉、五斗酒；90岁以上的老人，除享有上述礼遇外，每年还赐一匹帛、三斤絮。汉文帝十二年（公元前168年），还下令对全国的孝悌者予以褒奖。两汉时国家赐予老年人王杖之制，亦是源自周礼。至迟自西汉宣帝时起，开始赐予年满80岁（成帝时降低年龄为70岁）的高年老者鸠首王杖，从此，他享有可以比较自由地出入官府，行于驰道（皇帝专用道路）之旁的权利。所谓鸠首王杖，是一种长九尺，顶端饰有或为木制、或为铜制的斑鸠形状的手杖。老人手持王杖，享有各种特权，无论是官吏还是庶民，都不能随意欺侮他。吏民如有骂詈、殴辱持有王杖的老年人，或损坏其王杖者，一般会以大逆不道的罪名受到追究，严重者会遭到"弃市"（在闹市公开处决）的严厉惩处。

两汉时期尊老、敬老的措施还有：老年人种田，可以免收租税，做买卖可免收赋税，允许经营本由国家专营的卖酒的生意；假如不是为首杀人，可免于治罪；进入官府后，不须为表示对官员的尊敬像庶民百姓那样行趋礼。

两汉之后，历代都根据儒家礼典的精神制定了相应的养老、尊老之礼，对老年人给予一定的优待和尊崇。

四、尊师之礼

作为知识经验的专业传授者，教师在人类历史发展进程中，在文化的传承过程中，具有非常重要的作用。儒家礼乐文化的倡导者孔子是中国历史上伟大的教育家，被后世尊为"万世师表"。"尊师重教"也是儒家思想体系中的一项重要内容。

先秦儒学大师荀子在《礼论》篇中，将"天""地""君""亲""师"五者相提并论。《荀子·大略》篇曰："国将兴，必重师而重傅。贵师而重傅，则法度存。国将衰，则贱师而轻傅。贱师而轻傅，则人有快（放纵之心），人有快则法度坏。"更是将尊师重教与国家兴亡紧密联系在一起。秦汉以后，在儒家礼乐文化的影响下，历代都制定了相关的尊师重教的礼仪。

礼经记载的祭祀先圣、先师之礼，以释奠礼和释菜礼最为重要。秦蕙田《五礼通考》卷一百一十七《祭先圣先师》："古者立学必祭先圣先师，所以报本反始，崇德而劝学也。其礼有三：曰释奠，曰释币，曰释菜。释币，告祭用之礼，不常行。常行之礼，释奠、释菜而已。"由此可知，古代祭祀先圣、先师的尊师礼共有释奠、释币和释菜三种。而释币礼主要是以币帛祭祀祖庙的礼仪，不常用于学校，故常用的尊师礼主要有释奠礼和释菜礼。

孔庙释奠乐舞

释奠，也作舍奠，原为周代学校的祭祀典礼，至春秋战国之世犹行之，甚至秦汉以至明清时期都一直实行。《礼记·文王世子》："凡学，春官（学官）释奠于其先师，秋冬亦如之。凡始立学者，必释奠于先圣、先师。及行事必以币。凡释奠者必有合也，有国故则否。"郑玄注曰："释奠者，设荐馔酌奠而已，无迎尸以下之事。谓天子命之教，始立学官者也。先圣，周公若孔子。"由此可知，春秋战国的官学中，于春夏秋冬四时举行释奠礼祭祀先圣、先师。当时所谓"先师"，是指学官中德高望重者，死后被奉为先师。所谓"先圣"，就是指周公与孔子等圣人。不过需要说明的是：两汉以后，释奠礼的祭祀对象屡有变化，或以周公为先圣，以孔子为先师；或以孔子为先圣，以颜回为先师。

在形式上，释奠礼是设置酒肉而祭，有乐舞而没有尸（古代祭祀时代表死者受祭的人），如果国家遭遇凶事则不奏乐。

所谓"释奠者必有合"中的"合"，指合乐，即音乐舞蹈合演。

　　释菜礼是以菜蔬（蘋蘩之属）设祭，为始立学堂或学子入学时的祭奠先圣、先师之礼。《周礼·春官·大胥》载："春入学舍采合舞。"郑玄注曰："舍，即释也。采，读为菜。始入学，必释菜礼先师也。菜，蘋蘩之属。"《礼记·月令》曰："（仲春）上丁，命乐习舞，释菜。"郑玄注曰："将舞必释菜于先师以礼之。"按古代以十天干与十二地支配合纪日，每月一般会有三个丁日。所谓"上丁"，就是指每月的第一个丁日。《礼记·学记》曰："大学始教，皮弁祭菜，示敬道也。"郑玄注曰："祭菜，礼先圣、先师。菜，谓芹菜之属。"

　　释奠与释菜均为致敬先师先圣的礼仪，功用近似，但二者有轻重之分。《礼记·文王世子》曰："始立学者，既兴器用币。然后释菜，不舞，不授器。"郑玄注曰："释菜礼轻也。释奠则舞，舞则授器。"宋王与之《周礼订义》卷四十引郑锷曰："礼有释奠有释菜，莫厚于释奠，莫薄于释菜。盖释奠师有迎牲、有酌献、有授舞者器之礼，所以致恭于先圣；释菜则不舞、不授器、不杀牲，但以蘋蘩蕰藻之类，告虔于先师而已。综上所述，可知释奠与释菜这两种敬师礼有轻重之别。二者的区别主要在于仪程的繁简和祭品的丰约。相对而言，释菜礼比释奠礼要简单一些。释奠礼是设置酒肉而祭，而释菜礼仅在先师、先圣神主前陈列一些蘋、蘩一类的蔬菜；释奠礼有乐舞合演，而释菜礼只有简单的舞蹈，不配乐。

　　两汉以后，释奠礼与释菜礼逐渐由两种学礼发展成两种祭孔礼。至唐代，释奠礼已发展为成熟的国子监与州、县各级学校的开学典礼仪式，成为法定的祭奠孔子及颜渊等贤哲的学校礼仪。而释菜礼则很少见于文献记载，似乎已经式微消亡了。如唐朝的《通典》《唐六典》《大唐开元礼》《唐会要》等只有"释奠"之目，而无"释菜"之目。《新唐书·儒学传上》记载："帝幸太学，观释菜，命（孔）颖达讲经，毕，上《释奠颂》。有诏褒美。"这里记载皇帝到太学观看释菜礼，而孔颖达却写出并奏上《释奠颂》。似乎意味着当时已将释奠与释菜二礼混而为一了。唐代以后，就较少见到有关释菜的记述了。因此秦蕙田《五礼通考》卷一百一十七《祭先圣先师》认为古释菜礼在唐宋之际就已亡佚了。唐、宋以后，学校祭孔一般只用释奠礼，释菜礼便失传了。

据《礼记·学记》记述：天子不能把老师视为臣子。按照礼制规定，天子接见臣下时，面南背北，以示威严。一般臣子要面北背南向天子行礼，以示对天子的敬重。但天子的老师却可享有不遵行此礼的优待。据《贞观政要》卷四《太子诸王定分第九》记载，唐太宗贞观十七年甚至诏令房玄龄等撰定《太子接三师仪注》，规定太子的老师来东宫时，太子要出殿门迎接，并先向老师行拜礼，老师受礼后答拜。每逢进门，让老师先行。进殿后，老师入座，太子才能就座。给老师写信时，信前要写"惶恐"，信末要写"惶恐再拜"。连贵为天子的帝王及其太子都如此尊重教师，自然会上行下效，在社会上形成尊崇教师的礼俗传统。

古代学生入学时，除了要行释菜等拜师礼外，还要向老师交纳"束脩"。束脩，又作束修，属于贽礼之一，是学生入学时赠送给老师的见面礼性质的酬劳。脩，干肉，束脩就是十条干肉。

古人相见，必执贽以为礼。学生拜见老师，即执束脩以为礼物。
这一礼节，大概源于孔子。据文献记载，孔子的学生拜见孔子
求学时，即以束脩为礼。

　　我国古代的尊师礼仪还有许多其他规定。据《礼记·曲礼》
及其他礼书规定，要将老师称为师父、师傅、先生等，以表达
对老师的敬意。在行为举止方面，遇见老师需要作揖行礼。老
师提问时，学生必须站起来（先秦为跪坐起来）回答。向老师
请教问题时，要举手示意。如果没有听懂老师的讲解，就要"请
益"，即请老师再讲一遍，以示对老师的尊重。老师若有所问，
要等先生问完，学生再从容回答，切不可急于抢答。路上遇到
老师，要趋行敬礼，等老师离开后，学生再走。老师在场，学生
不能大声喧哗，高谈阔论。在日常生活中，作为学生，还要照
料老师的生活起居。《管子·弟子职》就规定：从老师的起床
盥洗开始，老师吃饭，夜晚入睡时，弟子都须在一旁恭敬侍奉。

五、乡里社会之礼

　　乡、里是古代中国县以下的基层行政单位。它们大致萌芽
于先秦时期，至秦汉时，基本定型，后经历代不断调整，而日
趋健全、完善。

　　由于古代中国人多具有聚族而居的习俗，所以，一般的乡、
里居民，皆为同宗族成员。在这样的乡、里中，宗子（族长）
就顺理成章地出任乡长、里长等职。宗人之礼，也扩充为乡里

社会之礼。也有的乡、里居民是由若干不同姓氏的宗族世代联姻，逐渐聚居在一起，宗族宗法的影响力依然非常强大，族规往往就是乡、里之规。也有一些因战乱、饥荒等原因引起的民众迁徙而形成的，由既无血缘关系也无姻亲关系的不同姓氏民众杂居在一起的乡、里。各种乡里居民关系的维系，主要依靠沿袭传统或经过协议而制定、形成的各种约定——乡约。而乡里社会之礼的一项重要活动形式就是周代即已实行，并为秦汉以后历代所沿袭、损益的乡饮酒礼。

乡饮酒礼
（汉画像石）

周代实行的乡饮酒礼，本是敬贤尊老之礼。据儒家经典《仪礼》《周礼》等记载，周代各地方组织每年春季、秋季举行射礼之前，以及每年十二月举行大蜡祭时，都要举行乡饮酒礼。在举行乡饮酒礼时要依据州、党中居民年龄高低排列席次，以宣扬、倡导尊老、敬老的社会风气。此外，周代每乡皆设有乡学，谓之"庠"，招收本乡青年子弟就读，接受教育。经过三年的学习后，学业已成的青年学子，被称为"学士"。每隔三年的正月，各乡都要对"学士"们的德行、学业、技艺进行考核，谓之"大比"。通过考核，选拔出贤能之士，推荐给天子或诸侯，以备选用。为表示对贤能之士的尊重，考核结束后，本乡的最高行政长官乡大夫要率领属下各级官吏在乡学中设宴，款待贤能之士。

这是另一类型的乡饮酒礼。举行乡饮酒礼时，一般以致仕（退休）之卿大夫为乡饮酒礼的主持人。仪式严格区分尊卑长幼，升降拜答俱有一定之规。

秦汉以后，历代王朝在沿袭乡饮酒礼尊贤、敬老功能的同时，逐步赋予其教化乡人、敦劝品行的功能。如汉代把乡饮酒礼与郡县学校祭祀先圣先师之礼同时举行。隋代在国子寺举行乡饮酒礼，各郡、县则在当地学校行礼，每年一次。唐太宗贞观六年（公元632年），唐太宗诏令天下州、县长官每年都要举行乡饮酒礼。考生在州、县考试结束后，州、县长官即举行乡饮酒礼款待之，后代举行的"鹿鸣宴"即滥觞于此。明初规定，每年正月及十月，各府、州、县的行政长官与学官率士大夫之老者于学校行乡饮酒礼。明太祖洪武二十二年（公元1389年），又规定于春、秋社祭时，举行乡饮酒礼。行礼时，里社所有成员将被划分为上、次、末三等，分别就席。年高有德、无公私过失者列为上等，因户役差税迟误及曾犯公私过失者列为次等，犯有奸盗诈伪、挑唆诉讼、蠹政害民等罪行而受过惩处者则列为末等。三等各家子弟，也分别三等座次就座，不得混淆。如有不遵序坐者，以违制论处，可告官流放。行礼时，还要举行"读律令"的仪式，即在堂上中央之处设置几案，置律令于其上。选择一名读律令的人，在几案前面向北站立诵读。在读律令过程中，凡有过失、犯罪者，都要恭敬地站立聆听。读毕，还要宣读刑部编发的其他有关文书。最后，官长训诫致辞。由此可见，明朝举行的乡饮酒礼，在聚集乡人聚餐会饮，联系、加强彼此之间感情的同时，已将尊德敬贤、尊老敬老、褒扬训诫有机地结合在一起。清代大致沿用明制，也有读律令、敦劝训诫等礼仪内容。最初，各地举行乡饮酒礼所需费用，皆由官府供给。道光二十三年（公元 1843 年），因内忧外患，战事频繁，清政府开支浩繁，财政困窘，于是诏令停办乡饮酒礼。

乡邻之间，即便没有同宗同族的血缘关系，也应相互体恤，相互帮助。乡邻无论是有婚姻喜事，还是有丧葬难事，都应或亲自前往庆祝、吊唁慰问或以其他方式，表达自己对乡邻的喜悦或哀伤之情。乡邻之间若有矛盾、纠纷，只要不是不共戴天的血海深仇，就应秉持宽容的心态，加以谅解、化解。清代安徽桐城"六尺巷"的故事就是邻里和睦相处的一段佳话。清代安徽桐城张英、张廷玉父子两代为相，权势显赫。清康熙年间，张英在朝廷担任文华殿大学士、礼部尚书。张廷玉，康熙年间进士，官至保和殿大学士、军机大臣。张家的老家桐城老宅与吴家为邻。张英老家桐城的家人筑墙建屋时与邻居吴家因地皮发生争执，家人去信请他出面处理。张英阅信后立即回信说："一纸书来只为墙，让他三尺又何妨。长城万里今犹在，不见当年秦始皇。"家人看了信以后，便主动让出三尺而筑墙。邻居吴氏深受感动也让出三尺。于是张、吴两家之间便形成了一条宽六尺的巷道，成为我国古代乡里社会之礼的一段佳话。

另外，有些需要乡人共同参加的集体活动，如祭祀神灵、修筑公益设施、捍卫乡里免受盗贼侵犯、救灾抢险等，乡人都要义不容辞、义无反顾地参加。乡人也不能恃强凌弱、鱼肉乡里、自私自利、侵占他人合法利益。凡此种种，都是乡里社会之礼的基本原则和要求。

儒家礼乐文化精神及其当代价值

"礼乐"是孔子创立的儒家思想体系的核心价值观念。儒家所倡导的礼乐文化是中国传统文化的主体内容,是中国传统文化的基本范式,也是中国传统文化有别于西方文化的特质。

儒家礼乐文化的精髓就是孔子所倡言的"礼之以和为贵"(《礼记·儒行》)和孔门弟子有子所阐释的"礼之用,和为贵"(《论语·学而》)的社会和谐思想,这也是儒家礼乐文化超时代的普适价值所在。这种"以和为贵"的价值取向对于中华民族精神的塑造、对于当代和谐社会,建设对于"人类命运共同体"的构建,都有着非常重要的理论价值。

众所周知,儒学基本上是一种关于社会伦理的学说,它是探讨宗法等级社会中人际关系的学问。礼乐是儒家传统伦理思想道德规范体系的逻辑起点与核心观念。儒家所倡导的礼乐文化既是一种社会政治理想,也是一套伦理道德原则与规范所组成的文化系统。礼乐是用来调整和制约人的行为的。它调节着人的主观欲求和客观现实之间的矛盾,使二者之间达到一种能够维持人类社会和谐共处的平衡状态。这就是说,礼乐是为了应对社会稳态结构的需求而产生的。儒家礼乐文化的根本精神就是要求并倡导社会各个阶层的人们都应按照"礼"的规范和谐相处。根据这一"贵和"的道德价值取向,儒家主张当个人与他人、个人与社会之间发生矛盾与冲突时,应采取宽容、谦让的态度，这样不但有利于建立和谐协调的人际关系和良好的社会秩序，也有助于使整个社会形成强大的凝聚力。当然，儒家所主张的"和"并不是无原则的同一、调和，而是在一定条件和原则下的谐和、融合。所以孔子说："君子和而不同，小人同而不和。"中华民族数千年来形成的宽容礼让、谦恭善良、求大同存小异的道德传统，正是这种"贵和"（即崇尚"和谐"）的价值取向长期影响和积淀的结果。

孔子曾为我们勾勒了一幅"大同"社会的美好图景："大道之行也，天下为公，选贤与能，讲信修睦。""人不独亲其亲，不独子其子，使老有所养，幼有所长，矜（鳏）寡孤独废疾者皆有所养，男有分，女有归。""夜不闭户，路不拾遗。"（《礼记·礼运》）显然，这样一个重诚信、讲仁爱、求友善、生活富足、财产公有、人人平等、民风淳朴的社会蓝图就是儒家所理想的"和谐"社会。而儒家礼乐文化的内涵就是为了实现"天下为公"的和谐社会而在制度层面、伦理层面和仪节层面所制定的一些规范和原则。不言而喻，没有一定的人性化的、有益于社会道德建设的规范和原则，就不可能实现"和谐"的"大同"社会。儒家倡导的礼乐文化，其终极目标就是为了通过引导社会各个阶层按照礼乐的规范和原则来处理人与社会、人与自然的关系，从而在社会公共生活中形成一种良好的稳定的社会秩序，达到建立和谐融洽的社会人际关系的目的。这就是礼乐文化的基本精神。

儒家礼乐文化"贵和"的精神，既强调天人合一，倡导人与自然界的和谐共存，更注重人与人之间、人与社会之间能和

睦相处，追求整个社会的和谐有序。20 世纪末，中国共产党实
现了向以经济建设为中心的伟大转变。进入 21 世纪后，我们党
和国家又把"构建社会主义和谐社会"作为全党全国的历史任
务，甚至提出了和平崛起的宏伟目标。这些都在一定程度上折
射出中国传统礼乐文化的"贵和"特色，是对儒家所倡导的礼
乐文化有批判地继承和超越，这实际上体现了向崇尚和平共处
的中华民族精神的回归。

众所周知，人是社会的主体。自人类诞生之日起，人类就
必须在互相依赖协作中从事各种活动，这种互相依赖协作的总
和就是社会。社会是人类活动的产物，社会的发展就是人的劳
动方式的变化。人们活动的结果，不仅形成了不断变化的社会
关系，还形成了客观的社会结构。因此，社会主义和谐社会，
实际上是指以人为主体的社会和谐发展状态，它包括人与自然
之间的和谐、人与人之间的和谐、社会结构之间的和谐三个方
面的基本内涵。

显然，上述社会主义和谐社会三个方面的内涵与我国古代
儒家学派所倡导的礼乐文化的"贵和"精神是一脉相通的。因此，
我们在当代社会主义和谐社会的建设事业中有必要以开放的胸
怀，以批判继承的态度从我国古代传统的"礼"文化中发掘可
资借鉴的内容，为社会主义精神文明建设提供他山之石。我们
当前所处的社会主义初级阶段当然与我国古代一切社会有着本
质区别。但它作为我国历史上合乎规律的一个发展阶段，必须
而且应该对我国古代的文化遗产进行批判地继承、辩证地否定、
创造性地扬弃，克服其中消极落后的因素，保留其积极进步的

因素。"和谐"是任何文明社会的内在需要，礼乐文化的主要功能就在于建构有道德的社会和塑造有道德的人。当然，道德也是一个历史的范畴，不同的时代有不同的道德标准。作为人类的一种规范，一种社会控制的手段，一种对秩序和对修养与文明的追求，应该说儒家所倡导的礼乐文化既有作为封建性糟粕必须批判的一面，也有值得吸收和借鉴的、对人类社会具有某种永恒的、普遍的价值的内容。例如，其宗法等级性和三纲五常等内容必须批判，而其主张人与人之间、人与社会之间、人与自然之间应该和谐相处的理念，就有待在扬弃的基础上继承发扬。如果我们能将传统的"礼"所包含的那个源自宗法小农社会的封建"天理"，改造、整合为适合于社会主义新型社会的"新礼"，就有可能使我国传统的"礼"文化重新获得发展的生机，对当代物欲横流的社会现实起到补偏救弊的作用。

在当代社会主义和谐社会建设的过程中，我们既需要民主政治的法治，也需要精神文明的德治。所谓"德治"，就是"以德治国"，也可以理解为新型的"礼治"。这种新型的"礼治"，需要我们通过对礼乐文化的现代诠释重建"礼治"文明。"礼治"文明既是社会主义的，也是中华民族的；既继承发扬了中国传统文化，体现着民族精神，又吸取了全人类文明的成果，充满着时代气息。我们所要重建的"礼治"文明首先应该有批判地从传统礼乐文化中吸收、借鉴一些具有现代价值的道德规范，整合、建立起一整套符合现代中国需要的新型道德规范。当前，全社会都十分关注社会主义精神文明建设，加强社会公德、职业道德、家庭伦理道德建设已成为当前思想道德建设的基本任务，而这三德各自的基本内容及其导向性的规范，事实上就是中国公民所应遵循的基本道德规范，就是社会主义"礼治"文明的基本内容。我们认为并相信社会主义新型"礼治"文明的建设，必将推动经济的可持续发展，维护社会结构的稳定发展，促进社会和谐安定，最大限度地激发社会各阶层、各群体、各组织的创造活力，化解各类矛盾和问题，使全社会形成合力，努力实现我国经济与社会的协调发展，从而构建成安定团结的社会主义和谐社会。

我们党和国家这些年提出的建设中国特色的社会主义道路、建设和谐社会、和平崛起等目标，实际上是互相关联的。其中一以贯之的东西，究其实就是在马克思主义基本原理指导下对我国传统文化的继承、发展和超越。没有中国的文化特色，就不能称之为中国特色的社会主义。而和谐社会、和平崛起，都在一定程度上折射出中国传统礼乐文化的"贵和"特色，是对儒家所倡导的礼乐文化的批判地继承和超越。

儒家礼乐文化植根于我国古代传统文化的深厚土壤，其贵和的价值取向是我国传统文化对世界文化的一个巨大贡献。儒家礼乐文化的贵和精神是人类世界的共同精神财富，它历久弥新，在当今仍有其重要的思想文化价值。这种贵和精神具有跨越时空的强大生命力和恒久的普适价值，将为化解人类共同面临的种种冲突和危机发挥重要作用。

弘扬礼乐文化的贵和精神不仅可以正确地处理一个国家、一个民族内部各个阶层、各个阶级之间的关系，而且将为不同国家、不同民族文化的冲突与融合开辟切实可行的正确道路。

当今的世界是一个多元、开放的世界，东西方思想文化相互激荡，各国、各民族文化的交流碰撞、冲突和融合，无论在广度还是深度上都是空前的。怎样正确处理不同民族、不同文化之间的相互关系，是当今世界的一大现实问题。以礼乐文化的贵和精神为主导，引导各种不同文化在交流、碰撞、冲突的过程中走向融合，这不仅应该是世界不同文化正确的发展方向，而且是人类文明生生不息的必由之路。

当今世界面临着前所未有之大变局，政治多极化、经济全球化、文化多样化，各国间的联系和依存日益加深，但也共同面临诸多矛盾和挑战。2012 年 11 月，中共十八大明确提出要倡导"人类命运共同体"意识。习近平同志在出席博鳌亚洲论坛 2015 年年会时提出了"通过迈向亚洲命运共同体，推动建设人类命运共同体"的倡议。2015 年 9 月，习近平同志在纽约联合国总部发表重要讲话指出："当今世界，各国相互依存、休戚与共。我们要继承和弘扬联合国宪章的宗旨和原则，构建以合作共赢为核心的新型国际关系，打造人类命运共同体。"2017 年 10 月，习近平同志在十九大报告中倡导构建人类命运共同体，促进全球治理体系变革。

以习近平同志为核心的中国共产党提出推动构建人类命运共同体的伟大构想，就是力图为解决当前世界各国所面临的许多重大国际问题而做出的努力。习近平同志在各种国际外交场合和国内重要会议中多次对人类命运共同体理念进行了详细阐释。构建人类命运共同体包含了足以引导世界走出经济全球化困境的基本价值理念，这些价值理念主要体现在如下五个方面：

　　针对经济全球化过程的"竞争博弈模式"，人类命运共同体理念倡导"合作共赢"模式。也就是说，经济全球化不能再沿着以往那种丛林法则和零和游戏的"竞争博弈模式"走下去了。和平、发展、合作、共赢才是世界发展的大势。只有这样，才能最终实现世界范围的共同繁荣、共同发展。

　　追求国际公平正义。人类命运共同体理念强调国家不分大小、强弱、贫富一律平等，尊重各国人民自主选择发展道路的权利，维护国际公平正义，反对把自己的意志强加于人，反对干涉别国内政，反对以强凌弱，让公平正义的理念发扬光大于全世界。

　　追求国际关系民主化。世界命运应该由各国共同掌握，国际规则应该由各国共同书写，全球事务应该由各国共同治理，发展成果应该由各国共同分享。世界上的事情应该由各国人民协商处理，要相互尊重、平等协商，坚决摒弃冷战思维和强权政治，走对话而不对抗、结伴而不结盟的国与国交往新路。

　　追求持久和平。和平与发展是当今世界的主题。世界各国都应该始终坚持走和平发展道路，并把追求持久和平作为构建人类命运共同体的基本价值理念。世界各国应该携手共同应对威胁和破坏和平的各种因素，携手建设持久和平、共同繁荣的和谐世界。

　　彻底打破国强必霸的逻辑。从历史上看，有些国家一旦强大起来，就必然谋求世界权，扩充自己的势力范围，甚至直接侵犯其他国家的领土和主权。人类命运共同体的理念就是霸要求世界各国始终坚持走和平发展道路，摒弃殖民主义、霸权主义，反对军事扩张和殖民掠夺，维护世界和平稳定。坚以"协和万事"的精神，共建各民族和平共处的文明世界。

　　总括说来，坚持合作共赢、追求国际公平正义、追求国际关系民主化、追求持久和平、彻底打破国强必霸的逻辑，这五个方面成为构建人类命运共同体的基本价值追求和精神实质。而这五个方面的价值理念均与中国传统礼乐文化"以和为贵"的价值取向有着天然的、一脉相承的联系。因此，以习近平同志为核心的党中央提出的"人类命运共同体"这一伟大构想可以看作是对我国传统礼乐文化精神的创造性转化和创新性发展。人类命运共同体理念的提出，就是旨在把握人类利益和价值的通约性，在国与国关系中寻找最大公约数，建构相互合作、公平竞争、和平发展的新的世界格局，逐步实现人类对和谐共存的美好世界的愿望。构建人类命运共同体所要达到的目的，就是力图从根本上改变现今经济全球化的固有模式，克服经济全球化过程中始终存在的内在矛盾和严重弊端，把人类始终追求的和平、安全、合作、互利、共赢、共享、平等、自由等理念完整地注入世界文明的发展进程中，从而构建起一个持久和平、普遍安全、共同繁荣、开放包容的美好世界。

　　儒家礼乐文化"和为贵"与"和而不同"的价值取向，对于现代世界各种不同文化的融合和贯通也有着重要的指导价值。现代文化的转型和发展，无论是由传统向现代的范式转换，还是吸取、借鉴外国文化实现民族文化的更新，都不能不分是非、不论良莠、无原则地附和与苟同，而应当是取其精华、弃其糟粕，做到"和而不同"，求大同存小异，在发展中求融合，在融合中求发展。应当充分认识到不同的民族文化都对人类文明进步做出了不可磨灭的贡献，各种文化都应该不分种族、不论大小强弱，一律相互尊重，相互学习，取长补短，相互促进，共同提高和发展。世界各个国家和民族都应该在保持各自文化的民族特色的基础上，对其他国家和民族的文化采取包容和择善而从的态度。一方面，不应该对其他国家和民族的文化采取歧视、敌视、排斥的态度；另一方面，更要反对文化殖民主义、文化霸权主义。世界文化不可能是同质化的统一，而必然是多样性的统一，越是民族的便越是世界的，越是世界的也便越是民族的，越是善于吸纳各民族文化的优秀成分便越能使本民族文化繁荣昌盛。

弘扬儒家礼乐文化的贵和精神对于顺应时代潮流，维护世界和平，促进各民族共同发展，构建"人类命运共同体"有着重要的历史和社会意义。当前的世界正处于一个经济全球化、文化多元化、社会信息化的时代。和平与发展仍是当今世界的时代主题，各国人民期望和平、谋求发展已成为不可阻挡的历史潮流。儒家礼乐文化的贵和精神已得到越来越多的民族和国家的认同，必将成为未来世界文化的核心价值观念。在礼乐文化的贵和精神指导下，世界各民族、各国家完全可以求同存异，和而不同，化干戈为玉帛，通过协商解决各种矛盾、争端与冲突。儒家礼乐文化所追求的"大同世界""协和万邦""亲仁善邻"的理念完全可以成为世界各民族和平共处、互相促进、共同发展的思想基础。

以孔子为代表的儒家学派所倡导的礼乐文化是一份珍贵的文化遗产，经过创造性转化和创新性发展，完全可以成为我国社会主义精神文明建设和制度建设的思想资源。当然，我们对儒家礼乐文化的借鉴并非简单地继承，而是批判地继承和超越。儒家所倡导的礼乐文化中原有的作为政治意识形态的一些过时的、落后的内容必须坚决摒弃，其过分节制人的情欲的一面也应该予以消除或调整，这是不言而喻的。在马克思主义的指导下，儒家礼乐文化的"和谐"精神完全可以帮助我们适当地解决市场经济发展过程中在社会道德、价值取向、人际关系、家庭和社会秩序等方面出现的一些问题，从而保证人与人之间的和谐、人与自然之间的和谐和人自身的和谐，保证整个社会主义社会的安定和健康发展。因此，我们应该在历史唯物主义和辩证唯物主义思想的指导下，以构建社会主义和谐社会为宗旨，用现代意识和眼光挖掘传统礼乐文化中的合理因素，发扬中华民族重礼节、尚美善的优良传统，建构与现代经济生活相适应的礼仪规范和审美情趣。这种现代礼仪规范和审美情趣对于构建一个民主法治、公平正义、诚信友爱、充满活力、安定有序、人与自然和谐相处的新型社会是必不可少的。可以预言，一个植根于优秀文化传统的、精神文明高度发达的、有中国特色的社会主义中国，不仅在经济上迅速实现现代化是无可怀疑的，而且在精神文明的现代化建设方面也将是极富民族特色的。

初版后记

　　本书稿作为"儒家文化大众读本"丛书的一个专题，是应中国孔子基金会邀约而撰写的。在此谨向孔子基金会对笔者的信任表示衷心的感谢！同时更要表示深切的歉意：由于庶务缠身，笔者未能按规定时间完成书稿从而延误了本套丛书的出版进程。希望能得到中国孔子基金会诸位领导先生的鉴谅！

　　笔者于 2008 年上半年接受了本课题的写作任务后，即根据本丛书编委会拟定的编写体例要求撰写出章节目录和写作提纲。2008 年 11 月，中国孔子基金会在北京召开了本丛书编委与作者座谈会，与会编委与作者对本丛书各专题的写作提纲进行了认真审议和讨论。会后，笔者又根据编委会的审议意见，对原来拟定的章节目录和写作提纲进行了较大幅度的修订。写作提纲修订稿于 2009 年初得到编委会的认可后，笔者便于 2009 年初开始了本书稿的正式撰稿工作。

　　按计划，本来应该最晚于 2010 年夏完成书稿，但由于笔者本职教学和研究工作繁重，再加上 2009 年恰逢教育部社会科学司对所属人文社会科学重点研究基地进行评估，而本人承乏担任教育部人文社会科学重点研究基地——山东师范大学齐鲁文化研究中心常务副主任，为应对评估进行准备工作花费了大量的时间和精力，于是便影响了本书稿的写作进度。到 2010 年夏应交稿时，我只将第一章、第三章和第八章写出初具规模的

初稿，而其他五章只在张帅、杨延霞、王丽娟三位研究生的帮助下搜集了一些相关资料，编成一个较粗略的资料长编，离编写成书还差得很远。考虑到短时期难以完成书稿，于是便征得本丛书编委会的同意，邀请河南大学历史学院副教授郭善兵博士和商丘师范学院历史学院讲师薛立芳博士帮助我撰写书稿。请薛立芳博士负责第四章的撰写工作，请郭善兵博士负责其余各章的撰写和统稿工作。郭、薛二位博士慨然应允了我的请求，并很快于 2010 年底完成初稿交给我。此后，我便对郭、薛二人提交的书稿进行统稿修订工作，拖拖拉拉直到 2011 年 9 月才统稿修订完毕并提交给中国孔子基金会。中国孔子基金会组织有关专家审稿后又提出了许多修改意见。我根据其修改意见又对书稿进行了较全面的修订润色，并终于于 2011 年岁末将书稿修订完并提交中国孔子基金会。

在编写过程中，本丛书编委王钧林先生、彭彦华女士对本书的发凡起例和撰稿工作提出了许多宝贵的建设性的指导意见，付出了大量心血和辛勤的劳动，在此谨向他们二位表示衷心的感谢！此外，本书参阅吸收了前贤时修的一些研究成果，但限于本丛书的体例要求，未能详细标注文献出处，谨在此深表谢忱！

丁　鼎

2011 年 12 月 30 日谨识于山东济南历下枕肱斋

再版后记

2012 年，我与青年同道郭善兵副教授、薛立芳副教授合作完成了中国孔子基金会的命题作文《和谐共存之道——儒家礼乐文化》，作为梁国典先生主编的"儒家文化大众读本"丛书的一种由山东教育出版社出版问世。合作过程中，我们三人或电话，或电邮，或聚首纵论剧谈，既有疑义相与析之乐，又免独学无友之虞，联手协力度过了一段值得追忆的美好时光。

本书初版迄今，七年过去了。2019 年 3 月，山东教育出版社来函通知说，为了弘扬中华传统优秀文化，本丛书编委会决定修订再版本丛书。接到再版通知后，我们课题组三人根据编委会修订再版通知的要求再次携手对《和谐共存之道——儒家礼乐文化》这本书进行了文字的修订和内容的增补。文字的订正由我们三人分工合作；内容的增补工作，主要由我与薛立芳副教授分工承担。主要增补了如下几方面的内容：一、在"导言"部分增补了坚持"四个自信"，实现中华民族伟大复兴的内容；二、在"传统家礼略说"部分增补了"祭祖之礼"；三、在"传统交际礼仪·尊师之礼"部分增补了对"释奠"礼和"释菜"礼历史演变的论述；四、在"儒家礼乐文化精神及其当代价值"部分增补了有关"儒家礼乐文化精神"与"人类命运共同体"的论述。增补的内容合计约有两万字。

在修订稿即将再版问世之际，首先要向本丛书主编梁国典先生及编委王钧林先生、彭彦华女士致谢！感谢他们对本课题组的信任和支持，使我们的研究心得有机会公诸于学界。同时还要感谢本书的责任编辑舒心编辑。本书初版时，舒心编辑即担任本书的责任编辑。这次再版，本书的责任编辑依然由舒心编辑担任。舒心编辑以高度认真负责的精神对本书的撰稿和修订工作给予了全力指导和帮助，付出了辛勤的劳动，使本书的编写和修订工作得以顺利进行。有缘与这样一位非常热心、很有慧心的编辑长期合作是我们课题组的荣幸！

儒家所倡导的礼乐文化是我国优秀传统文化的主体，对周秦以降的中国古代社会产生了重大而深远的影响，形成数千年中国古代文化的基本范式。要将"儒家礼乐文化"这样一个重大课题阐释、揭示清楚，殊非易事！对于我们课题组来说，大有短绠汲深之概！本书虽经此次修订，但依然较为粗浅，依然不可避免地留有诸多遗憾。期待着读者不吝赐教，匡我等之不逮，以使本书能够在将来再版时得到进一步完善。

丁　鼎

2019 年 9 月 16 日谨识于山东曲阜六艺苑寓所

图书在版编目(CIP)数据

和谐共存之道：儒家礼乐文化 / 丁鼎，郭善兵，薛立芳著 . —济
南：山东教育出版社，2020. 5
（儒家文化大众读本 / 梁国典主编）
ISBN 978-7-5701-0737-7

Ⅰ.①和⋯　Ⅱ.①丁⋯　②郭⋯　③薛⋯　Ⅲ.①儒家-
礼乐-文化—研究　Ⅳ.① K892.9② B222

中国版本图书馆 CIP 数据核字（2019）第 171354 号

RUJIA WENHUA DAZHONG DUBEN
HEXIE GONGCUN ZHI DAO——RUJIA LIYUE WENHUA

儒家文化大众读本
和谐共存之道——儒家礼乐文化　　丁鼎　郭善兵　薛立芳／著

主管单位：山东出版传媒股份有限公司
出版发行：山东教育出版社
　　　　　地址：济南市纬一路 321 号　　邮编：250001
　　　　　电话：（0531）82092660　　网址：www.sjs.com.cn
印　　刷：山东临沂新华印刷物流集团有限责任公司
版　　次：2020 年 5 月第 1 版
印　　次：2020 年 5 月第 1 次印刷
开　　本：720 mm×1020 mm　　1/16
印　　张：15.5
字　　数：160 千
定　　价：75.00 元

（如印装质量有问题，请与印刷厂联系调换）　　印厂电话：0539—2925659